친절한영어 제석강

기본을 완성하는
문법

친절한영어를 만나면 누구나 합격할 수 있습니다

..... 제석강 편저 .....

출제경향 반영
최신개정판

9급 · 소방 공무원 영어
시험 완벽 대비

모두공 · 모두소 친절한영어 제석강
동영상강의 · 무료강의 · 해설강의 · 다양한 학습   www.modoogong.com | www.modoofire.com

: 머리말

수험 영문법의 친절한 멘토

영어를 강의하면서 느낀 점은 많은 수험생들이 영어라는 과목을 필요이상으로 부담스러워하고 어떻게 공부하고 준비해 나가야 되는 지를 잘 모르고 있다는 것이었습니다.
어떻게 하면 수험 영문법의 내용을 효과적으로 전달하면서 수험생의 부담을 줄일 수 있을 수 있을까를 고민하면서 기본을 완성하는 영문법을 출간하게 되었습니다.

먼저 영문법을 공부하는 가장 큰 이유는 영어 문장을 해석하기 위함입니다. 영문법 공부를 통해 영어 문장을 보다 정확하고 빠르게 해석할 수 있게 되며 나아가서는 독해 지문 전체를 이해할 수 있는 힘을 가지게 됩니다.
기본을 완성하는 영문법은 18개의 Chapter로 구성되어 있습니다. 각 Chapter의 처음 부분은 그 Chapter의 문법이 문장 해석에서 어떤 역할을 하는지 알기 쉽게 설명하였고, 다음으로 문법 시험에 그것이 어떻게 출제되는 지 기출문제의 철저하고 정확한 분석을 통해 출제자의 시각을 명확하게 정리해 놓았습니다.

이 책은 최단기간으로 수험 영어를 정복하는 데 부족함이 없으리라 자신합니다. 이 책의 내용을 여러분의 것으로 만들면 보세요. 영어에 자신감과 재미가 붙으면서 합격이라는 여러분의 꿈에 다가서게 될 것입니다.
합격을 위해 노력하고 있는 수험생들에게 하고픈 말은 '피할 수 없으면 즐겨라'입니다.
게으른 수험생은 열심히 하는 수험생을 이길 수 없고, 열심히 하는 수험생도 즐기면서 공부하는 수험생을 이길 수 없기 때문입니다.

2021년 9월 제석강

: 영문법 공부방법

기초가 많이 부족한 수험생들에게

처음 영어를 공부할 때에는 각 Chapter의 Unit 1 부분만을 골라서 먼저 공부하면 좋습니다. 이 방법은 영문법 전체 내용의 큰 틀을 빠르게 1회독할 수 있다는 장점이 있습니다.

문법에 대한 자신감이 부족한 수험생들에게

문법 문제는 각 Chapter별로 시험에 출제되는 부분이 정해져 있습니다. 이를 자신의 것으로 만드는 과정이 필요합니다. 각 Chapter를 공부한 후 자신의 서브노트를 직접 만들어보는 것이 상당한 도움이 될 수 있습니다.

고득점을 목표로 하는 수험생들에게

Chapter의 내용을 자신의 것으로 만드는 과정이 필요합니다. 각 Chapter를 공부한 후 교재를 보지 않고 그것의 핵심내용을 자신이 말하면서 정리할 수 있으면 좋습니다. 전체의 틀을 잡고 각 Chapter의 목차를 요약하여 말할 수 있다면 다른 수험생과의 경쟁에서 앞설 수 있습니다.

목차

1 동사와 문장 구조

Chapter 01	문법의 기본구조	008
Chapter 02	동사의 수	032
Chapter 03	동사의 시제	046
Chapter 04	동사의 종류	064
Chapter 05	동사의 태	082
Chapter 06	조동사	096
Chapter 07	가정법	108

2 준동사와 문장 구조

Chapter 08	to부정사	122
Chapter 09	동명사	138
Chapter 10	분사	148

3 접속사와 문장의 확장

Chapter 11	등위접속사와 병치	166
Chapter 12	명사절 접속사	176
Chapter 13	관계사	196
Chapter 14	부사절 접속사	212

4 특수 구문

| Chapter 15 | 비교 구문 | 228 |
| Chapter 16 | 도치 구문과 강조 구문 | 240 |

5 품사론

| Chapter 17 | 명사, 관사, 대명사 | 254 |
| Chapter 18 | 형용사, 부사, 전치사 | 268 |

동사와 문장 구조

Chapter 01	문법의 기본구조
Chapter 02	동사의 수
Chapter 03	동사의 시제
Chapter 04	동사의 종류
Chapter 05	동사의 태
Chapter 06	조동사
Chapter 07	가정법
Chapter 08	to부정사
Chapter 09	동명사
Chapter 10	분사
Chapter 11	동위접속사와 병치
Chapter 12	명사절 접속사
Chapter 13	관계사
Chapter 14	부사절 접속사
Chapter 15	비교 구문
Chapter 16	도치 구문과 강조 구문
Chapter 17	명사, 관사, 대명사
Chapter 18	형용사, 부사, 전치사

친절한영어 기본을 완성하는 문법

CHAPTER 01 문법의 기본구조

- UNIT 1 문장의 구성요소
- UNIT 2 단어, 구, 절
- UNIT 3 문장의 종류

UNIT 1 | 문장의 구성요소

문장을 구성하는 「주요소」에는 주어, 서술어, 목적어, 보어가 있다.
그리고 「부수요소」에는 수식어가 있다.

① 주어

(1) 주어의 개념

문장에서 동작이나 상태의 주체를 의미하며 「~는, ~가, ~이」 등으로 해석한다.

(2) 예문

- **The bird** can fly in the sky.
  그 새는 하늘을 날 수 있다.

❷ 서술어

(1) 서술어의 개념

주어의 동작이나 상태를 나타내는 말로 「~하다, ~이다」 등으로 해석한다. 서술어는 「술어동사」라고도 한다.

(2) 예문

- They **work** at a bank.
  그들은 은행에서 일한다.

- A disaster **is** a sudden and unfortunate event.
  재난은 갑작스럽고 불행한 사건이다.

❸ 목적어

(1) 목적어의 개념

동사의 대상으로 「~를, ~에게」 등으로 해석된다.

(2) 예문

- Fire can cause **a lot of damage**.
  불은 많은 피해를 야기할 수 있다.

어구

disaster 재난
sudden 갑작스러운
unfortunate 불운한
cause 야기하다
a lot of 많은
damage 피해

어구
firefighter 소방관
genius 천재

❹ 보어

(1) 보어의 종류 및 개념

보어에는 「주격보어」와 「목적보어」가 있다.
주격보어란 주어를 보충 설명하는 말을 뜻한다.
목적보어란 목적어를 보충 설명하는 말을 뜻한다.

(2) 주격보어 예문

· He is **a firefighter**.
　그는 소방관이다.

· She is **beautiful**.
　그녀는 아름답다.

(3) 목적보어 예문

· We call the man **a genius**.
　우리는 그 남자를 천재라고 부른다.

· She made her parents **happy**.
　그녀는 자신의 부모를 행복하게 만들었다.

❺ 수식어

어구
unfortunately 유감스럽게도
accept 받아들이다
proposal 제안

(1) 수식어의 개념
문장의 주요소 외에 나머지 요소를 수식어라고 한다.

(2) 수식어의 종류
수식어에는 「형용사적 수식어」와 「부사적 수식어」가 있다.

① 형용사적 수식어

명사를 수식하는 말을 「형용사적 수식어」라고 한다.

- I saw **beautiful** flowers.
  나는 아름다운 꽃들을 보았다.

② 부사적 수식어

형용사적 수식어가 아닌 그 외 모든 수식어를 「부사적 수식어」라고 한다.
부사적 수식어는 일반적으로 때, 장소, 이유, 조건, 양보, 양태 등 상황을 나타내는 역할을 한다.

- **Unfortunately**, we cannot accept your proposal.
  유감스럽게도, 우리는 당신의 제안을 받아들일 수 없습니다.

UNIT 2 | 단어, 구, 절

문장을 구성하는 「단어」는 그 의미와 역할에 따라 8품사로 나눌 수 있다.

❶ 명사

(1) 명사의 개념

이 세상에 존재하는 모든 것들의 이름을 명사라고 부른다.
다시 말하면 「사람, 동식물, 사물, 추상관념」을 일컫는 단어를 말한다.

(2) 명사의 종류

명사에는 「셀 수 있는 명사」와 「셀 수 없는 명사」가 있다.
예컨대 책(book)은 한 권, 두 권, 세 권 … 개수를 셀 수 있지만
공기(air)는 셀 수 없다.

- 셀 수 있는 명사 : book(책), student(학생), dog(개), apple(사과) 등
- 셀 수 없는 명사 : air(공기), love(사랑), peace(평화) 등

(3) 단수와 복수

셀 수 있는 명사의 경우, 하나일 때 단수라고 하며, 둘 이상 일 때 복수라고 한다.
그리고 복수를 표시할 때에는 일반적으로 명사 끝에 「-s」를 붙여서 표현한다.
그 밖에 모음을 바꾸는 등 복수를 표현하는 여러 방법이 있다.

- book → books
- student → students
- dog → dogs
- apple → apples

- woman(여성) → women
- child(아이) → children

(4) 관사

8품사에는 해당하지 않지만, 명사 앞에 쓰는 관사가 있다.
관사에는 부정관사(a, an)와 정관사(the)가 있다.

> **어구**
> green revolution 녹색혁명
> mixed blessing 혼합된 축복(좋기도 나쁘기도 한 것)

① 부정관사

부정관사에는 a와 an이 있으며 「정해져 있지 않음」과 「하나」라는 의미를 지니고 있다. 다만 우리말로 해석하지 않는 경우가 많다.

· He is a student.
  그는 학생이다.

a는 첫 소리가 자음으로 시작되는 명사 앞에 쓰고
an은 첫 소리가 모음으로 시작되는 명사 앞에 쓴다.

· a book
· an apple

② 정관사

정관사 the는 「정해져 있음」을 나타내며, 우리말로 「그」라는 의미를 지니고 있지만, 부정관사와 마찬가지로 해석하지 않는 경우가 많다.

· The green revolution was a mixed blessing.
  녹색혁명은 혼합된 축복이었다.

❷ 대명사

(1) 대명사의 개념
명사를 대신해서 쓰는 단어를 대명사라고 한다.

(2) 대명사의 종류
대명사에는 인칭 대명사, 지시 대명사, 부정 대명사 등이 있다.

① 인칭 대명사

말하는 사람이나 상대방 그리고 제3자를 구별할 때 쓰는 대명사이다.

- 1인칭 I(나), we(우리)
- 2인칭 you(너, 너희들)
- 3인칭 he(그), she(그녀), it(그것), they(그들, 그것들)

인칭	수	주격 -는/-가	소유격 -의	목적격 -를/~에게	소유대명사 -의 것	재귀대명사 -자신
1인칭	단수	I	my	me	mine	myself
	복수	we	our	us	ours	ourselves
2인칭	단수	you	your	you	yours	yourself
	복수	you	your	you	yours	yourselves
3인칭	단수	he she it	his her its	him her it	his hers -	himself herself itself
	복수	they	their	them	theirs	themselves

* 인칭 대명사는 문장 안에서 그 쓰임에 따라 다르게 표현한다.

- I gave up drinking.

  나는 술을 끊었다.

- My dream will come true in the near future.

  나의 꿈이 가까운 미래에 실현될 것이다.

- Thank you for inviting me.

  나를 초대해줘서 고맙습니다.

> **어구**
>
> give up 그만두다, 끊다
> come true 실현되다
> near 가까운
> invite 초대하다

② 지시 대명사

정해진 사람이나 사물 등을 가리킬 때 쓰는 대명사이다.

- this(이것), these(이것들)
- that(저것), those(저것들) 등

③ 부정 대명사

확실하게 정해지지 않은 사람이나 사물 등을 나타낼 때 쓰는 대명사이다.

- someone(어떤 사람), something(어떤 것)
- everyone(모든 사람), everything(모든 것) 등

❸ 동사

(1) 동사의 개념과 종류

주어의 「동작이나 상태」를 나타내는 단어를 동사라고 부른다.
동사는 크게 「be 동사」와 「일반 동사」로 나눌 수 있다.

(2) be 동사

① be 동사의 뜻

be 동사는 보통 「~이다, ~있다, ~되다」등의 의미로 쓰인다.

② 주어와 be 동사

주어에 따라 be 동사의 형태가 변화한다.

· 1인칭 단수인 「I」가 주어일 때에는 「am」을 쓴다.
· 2인칭 단수인 「you」가 주어일 때에는 「are」를 쓴다.
· 3인칭 단수가 주어일 때에는 「is」를 쓴다.
· 주어가 복수일 때에는 「are」를 쓴다.

그리고 축약형으로 줄여 쓰기도 한다.

· I am → I'm
· You are → You're
· He is → He's
· We are → We're

(3) **일반 동사**

be 동사 이외의 모든 동사를 일반 동사라 한다.
walk(걷다), run(달리다), study(공부하다) 등 무수히 많은 일반 동사가 있다.
주어가 3인칭 단수인 경우에는 「동사원형」끝에 「~s, ~es」를 붙인다.

> 어구
> more than ~ 이상의

- I walk more than three kilometers a day.
  나는 하루에 3킬로 이상을 걷는다.

- He walks more than three kilometers a day.
  그는 하루에 3킬로 이상을 걷는다.

(4) **조동사**

8품사에는 해당하지 않지만 동사 앞에 쓰이는 조동사가 있다.

① 조동사의 종류

will(~할 것이다), must(~해야 한다), can(~할 수 있다) 등이 있다.

② 조동사의 성격

조동사는 「동사원형」과 결합한다.

- He can walk more than three kilometers a day.
  그는 하루에 3킬로 이상을 걸을 수 있다.

❹ 형용사

(1) 형용사의 개념
「명사」의 성질이나 상태 등을 표현하는 단어를 형용사라고 부른다.

(2) 형용사의 종류
형용사에는 성질 형용사, 수량 형용사, 대명 형용사 등이 있다.

① 성질 형용사

사람이나 사물 등의 성질을 나타내는 단어를 말한다.

· beautiful(아름다운), slow(느린), expensive(비싼) 등

② 수량 형용사

명사의 수나 양을 나타내는 단어를 말한다.

· many(많은), few(적은), much(많은), little(적은) 등

③ 대명 형용사

대명사의 형태로 명사 앞에서 수식하는 형용사이다.

· this(이), that(저) 등

❺ 부사

⑴ 부사의 개념

「동사」의 움직임이나 「형용사」의 정도를 나타내거나 시간, 장소 등 상황을 표현하는 단어를 부사라고 부른다.

⑵ 부사의 종류

부사에는 동사의 움직임이나 방법을 나타내는 양태 부사가 가장 많다. 그리고 그 외에 정도 부사, 빈도 부사, 시간 부사, 장소 부사 등이 있다.

① 양태 부사
- slowly(느리게), carefully(조심스럽게), happily(행복하게) 등

② 정도 부사
- very(매우), enough(충분히) 등

③ 빈도 부사
- always(항상), often(자주) 등

④ 시간 부사
- today(오늘), yesterday(어제) 등

⑤ 장소 부사
- here(여기에), there(거기에) 등

6 전치사

(1) 전치사의 개념

전치사는 명사(또는 대명사) 앞에 쓰이며, 「전치사 + 명사」의 형태로, 명사에 대한 구체적인 정보를 나타내는 단어를 말한다.

(2) 전치사의 종류

전치사에는 장소/방향, 시간, 원인, 양보, 수단/방법, 출처, 관련 등 다양한 정보를 표현하는 여러 전치사가 있다.

① 장소/방향을 나타내는 전치사
- in(~안에), under(~아래에), between(~사이에), to(~로) 등

② 시간을 나타내는 전치사
- at(~에), for(~동안), until(~까지), before(~전에) 등

③ 원인을 나타내는 전치사
- because of(~때문에), on account of(~때문에) 등

④ 양보를 나타내는 전치사
- despite(~에도 불구하고), in spite of(~에도 불구하고) 등

⑤ 수단/방법을 나타내는 전치사
- by(~에 의해), with(~를 가지고), through(~을 통해) 등

⑥ 출처를 나타내는 전치사
- from(~로부터) 등

⑦ 관련을 나타내는 전치사
- about(~에 대하여) 등

❼ 접속사

(1) 접속사의 개념

「단어, 구, 절」을 연결해 주는 단어를 말한다.
접속사는 크게 「등위접속사」와 「종속접속사」로 나눌 수 있다.

(2) 등위접속사

단어와 단어, 구와 구, 절과 절을 「대등」하게 연결해 주는 접속사이다.
and(그리고), but(하지만), or(또는) 등이 있다.
자세한 내용은 「Chapter 11」에서 다룬다.

(3) 종속접속사

종속절을 주절에 연결해 주는 접속사이다.
종속접속사에는 명사절 접속사, 형용사절 접속사, 부사절 접속사가 있다.
자세한 내용은 「Chapter 12, 13, 14」에서 다룬다.

❽ 감탄사

(1) 감탄사의 개념

놀람, 기쁨, 슬픔, 아픔, 역겨움 등의 감탄을 나타내는 단어를 말한다.

(2) 감탄사의 종류

· oops(사고나 실수를 했을 때), hurray(만세), bravo(찬사를 표할 때)
· alas(슬픔, 유감을 나타낼 때), ouch(아야), yuck(역겨울 때) 등

(3) 감탄사의 역할

문장에서 기분 등을 나타내는 부사적 수식어 역할을 한다.

❾ 품사와 문장의 구성요소

⑴ 영문법의 핵심

영문법은 품사와 문장의 구성요소의 연결로 요약될 수 있다.

⑵ 품사와 문장의 성분

핵심 품사인 4품사 즉 「명사, 동사, 형용사, 부사」가 문장의 주요소와 부수요소를 구성한다. 그리고 기능어인 「전치사, 접속사」가 단어 등을 연결하는 역할을 한다.

- 명사 는 주어 자리, 목적어 자리, 보어 자리에 들어간다.
- 동사 는 서술어 자리에 들어간다.
- 형용사 는 보어 자리, 형용사적 수식어 자리에 들어간다.
- 부사 는 부사적 수식어 자리에 들어간다.

- 전치사 + 명사 는 형용사 또는 부사의 역할을 한다.
- 접속사 는 단어와 단어, 구와 구, 절과 절을 연결한다.

❿ 구와 절

(1) 구

① 구의 개념

두 개 이상의 단어가 함께 쓰여 「하나의 품사」와 같은 역할을 하는 것으로 「주어 + 동사」를 갖지 않는 것을 「구」라고 한다.

② 구의 종류

명사의 역할을 하는 「명사구」, 형용사의 역할을 하는 「형용사구」, 부사의 역할을 하는 「부사구」등으로 나눌 수 있다.

(2) 절

① 절의 개념

두 개 이상의 단어가 모여서 「주어 + 동사」를 가지는 것을 「절」이라고 한다. 절은 등위절과 종속절로 나뉜다.

② 등위절

등위접속사로 대등하게 연결되어 있는 각각의 「절」을 말한다.

③ 종속절

명사의 역할을 하는 「명사절」, 앞의 명사를 수식하는 「형용사절」, 부사의 역할을 하는 「부사절」로 나눌 수 있다.

어구

bad breath 입 냄새
warning sign 경고신호
gum 잇몸
disease 병, 질환
owner 소유주
abandon 포기하다
retail sale 소매영업
altogether 완전히
rule 규칙, 규정
prevent 막다
bullying 집단 괴롭힘

UNIT 2 | 문장의 종류

영어 문장은 크게 평서문, 의문문, 명령문, 감탄문으로 나눌 수 있다.

❶ 평서문

(1) 평서문의 개념

말하는 사람이 어떤 사실이나 생각을 서술하는 문장을 말한다.
일반적인 어순은 「주어 + 동사」이다.

(2) 예문

① 긍정문

· Bad breath is a warning sign for gum disease.
입 냄새는 잇몸 질환에 대한 경고신호이다.

· Many owners abandoned retail sales altogether.
많은 소유주들이 소매 영업을 완전히 포기했다.

· This rule can prevent bullying and fighting.
이 규정은 집단 괴롭힘과 싸움을 막을 수 있다.

② 부정문

be 동사가 있는 경우 「be 동사 + not」을 쓴다.
일반 동사가 있는 경우 「do/does/did not + 동사원형」을 쓴다.
조동사가 있는 경우 「조동사 + not」을 쓴다.

- Bad breath is not a warning sign for gum disease.
  입 냄새는 잇몸 질환에 대한 경고 신호가 아니다.

- Many owners did not abandon retail sales altogether.
  많은 소유주들이 소매 영업을 완전히 포기하지는 않았다.

- This rule can not prevent bullying and fighting.
  이 규정은 집단 괴롭힘과 싸움을 막을 수 없다.

❷ 의문문

(1) 의문문의 개념

상대방에게 어떤 사실이나 생각을 묻는 문장을 말한다.

(2) 의문사가 없는 의문문

「주어 + 동사」의 어순이 도치된다.

be 동사가 있는 경우 「be 동사 + 주어 ~ ?」를 쓴다.
일반 동사가 있는 경우 「do/does/did + 주어 + 동사원형 ~ ?」을 쓴다.
조동사가 있는 경우 「조동사 + 주어 ~ ?」를 쓴다.

- **Is bad breath** a warning sign for gum disease?
  입 냄새는 잇몸 질환에 대한 경고 신호입니까?

- **Did many owners abandon** retail sales altogether?
  많은 소유주들이 소매 영업을 완전히 포기했나요?

- **Can this rule** prevent bullying and fighting?
  이 규정은 집단 괴롭힘과 싸움을 막을 수 있나요?

(3) 의문사가 있는 의문문

의문사에는 who(누가), what(무엇), when(언제), where(어디에), how(어떻게), why(왜) 등이 있다.

원칙적으로 의문사를 앞에 쓰고 「의문사가 없는 의문문」과 동일한 어순을 가진다. 다만, 「의문사가 주어」인 경우에는 다음에 동사가 온다.

- Who **is your favourite author**?
  당신의 가장 좋아하는 작가는 누구예요?

- Where **do you want** to go today?
  당신은 오늘 어디로 가기를 원합니까?

- **What causes** global warming?
  무엇이 지구 온난화를 야기하나요?

어구

favorite 가장 좋아하는
author 작가
cause 야기하다
global warming 지구 온난화

> **어구**
> honest 정직한
> evacuate 대피하다
> immediately 즉시
> late 늦은, 늦게
> carefully 조심스럽게
> correct 올바른
> grammar 문법

❸ 명령문

(1) 명령문의 개념

명령, 요청 등을 나타내는 문장을 말한다.

(2) 직접 명령문

상대방에게 직접 명령하는 문장을 말하며, 일반적으로 주어 없이 「동사원형」으로 시작한다. 부정 명령문은 「동사원형」 앞에 「Don't 또는 Never」를 붙인다.

- **Be** kind and honest with your wife.
  당신의 아내에게 친절하고 정직하세요.

- Please **evacuate** the classroom immediately.
  즉시 교실에서 대피하세요.

- **Don't be** late for the meeting.
  회의에 늦지 마라.

- **Don't write** carefully with correct grammar.
  올바른 문법으로 조심스럽게 쓰지 마라.

(3) 간접 명령문

상대방을 통하여 3인칭이나 1인칭에게 하는 명령문으로 「let + 목적어 + 동사원형」의 형식을 가지며 「~가 ~하게 해라」로 해석한다. 그리고 「let's + 동사원형」은 「~하자」라는 의미로 권유할 때 쓰는 표현이다.

> **어구**
> let ~하게 하다
> on one's own 혼자 힘으로
> garden salad 야채샐러드

· Let him do it on his own.
  그가 그것을 혼자 힘으로 하게 해라.

· Let me see your passport, please.
  여권 좀 보여 주십시오.

· Let's order a garden salad.
  야채샐러드를 주문하자.

❹ 감탄문

(1) 감탄문의 개념

놀람, 기쁨 등의 강한 감정을 나타내는 문장으로서 What 또는 How로 시작된다.
문장 끝에 느낌표를 붙이며 「주어 + 동사」를 생략할 있다.

(2) 예문

① 「What」으로 시작하는 감탄문

일반적으로 「What + a + (형용사) + 명사 + (주어 + 동사)」의 형태를 취한다.
셀 수 없는 명사가 오거나 복수명사가 오면 부정관사 a를 쓰지 않는다.

· What a brave boy he is!
  그는 얼마나 용감한 소년인가!

· What a coincidence!
  정말 우연의 일치다!

· What awful weather!
  정말 끔찍한 날씨군!

어구

brave 용감한
coincidence 우연의 일치
awful 끔찍한

② 「How」로 시작하는 감탄문

「How + 형용사 + (주어 + 동사)」 또는 「How + 부사 + (주어 + 동사)」의 형태를 취한다.

> 어구
>
> fast 빨리, 빠른, 단식하다

· How brave the boy is!
그 소년은 얼마나 용감한가!

· How fast the train runs!
그 기차가 얼마나 빨리 달리는지!

친절한영어 기본을 완성하는 문법

동사의 수

- UNIT 1 동사의 수일치 기초
- UNIT 2 주어와 동사 찾기
- UNIT 3 A of B 형태의 주어
- UNIT 4 접속사로 연결된 주어
- UNIT 5 주요 수일치 표현

어구
review 검토
past 과거의
reveal 드러내다
common 공통의, 흔한
trait 특성
in case of ~의 경우에
emergency 비상, 응급

UNIT 1 | 동사의 수일치 기초

❶ 문장의 필수 요소

(1) 주어와 동사

일반적으로는 영어 문장에는 「주어 + 동사」가 있어야 한다.
주어만 있고 동사가 없는 문장은 틀린 문장이 된다.

- A review of past presidents reveals some common traits. (O)
- A review of past presidents revealing some common traits. (X)
  과거 대통령들에 대한 검토는 몇몇 공통의 특성을 드러낸다.

(2) 명령문

명령문의 경우에는 주어 없이 「동사원형」을 쓴다.

- Break the glass and press the button in case of emergency.
  비상시에는, 유리를 깨고 버튼을 누르시오.

❷ 동사의 단수형과 복수형

(1) be 동사

주어가 「I」인 경우 am(현재시제), was(과거시제)를 쓴다.
주어가 「you」 또는 「복수」인 경우 are(현재시제), were(과거시제)를 쓴다.
주어가 3인칭 단수인 경우 is(현재시제), was(과거시제)를 쓴다.

- am – was – been / being
- are – were – been / being
- is – was – been / being

- The boy is clever. 그 소년은 영리하다.
- The boy was clever. 그 소년은 영리했다.

- The boys are clever. 그 소년들은 영리하다.
- The boys were clever. 그 소년들은 영리했다.

(2) 일반 동사

주어가 「I」, 「you」 또는 「복수」인 경우 「동사원형」을 쓴다.
주어가 3인칭 단수인 경우 「동사원형」 끝에 「~s, ~es」를 붙인다.
과거형인 경우에는 주어가 단수이든 복수이든 동사에 영향을 주지 않는다.

- play – played – played / playing

- She plays a key role in the event.
  그녀는 그 행사에서 중요한 역할을 한다.

- They play a key role in the event.
  그들은 그 행사에서 중요한 역할을 한다.

- She played a key role in the event.
  그녀는 그 행사에서 중요한 역할을 했다.

- They played a key role in the event.
  그들은 그 행사에서 중요한 역할을 했다.

어구

clever 영리한
play a role in ~에 역할을 하다
key 중요한, 핵심적인
event 행사, 일, 사건

> **어구**
> leave 떠나다
> avoid 피하다
> problem 문제
> balanced 균형 잡힌
> diet 식사

UNIT 2 | 주어와 동사 찾기

❶ 주어와 동사 사이에 수식어가 있는 경우

(1) 주어 + 수식어 + 동사

주어가 동사의 수를 결정하며, 「수식어」는 동사의 수에 영향을 주지 않는다.

(2) 수식어의 종류

수식어에는 「전치사구」, 「형용사+전치사구」, 「to부정사」, 「현재분사(-ing)」, 「과거분사(p.p.)」, 「관계사 절」, 「동격의 that 절」 등이 있다.

- My aunt Martha, together with her six children, is leaving tomorrow.
  Martha 이모는 여섯 아이들과 함께 내일 떠날 것이다.

- The best way to avoid problems is to have a healthy, balanced diet.
  문제를 피하기 위한 가장 좋은 방법은 건강에 좋은 균형 잡힌 식사를 하는 것이다.

❷ 명사구 주어 수일치

(1) 명사구 주어

주어 자리에 「to부정사」 또는 「동명사」가 오면 「~하는 것은」이라고 해석하며 「동사의 단수형」을 쓴다.

(2) 예문

- To be courageous under all circumstances **requires** strong determination.
  모든 상황에서 용감해지는 것은 강한 결단력을 요구한다.

- Doing knee exercises regularly **reduces** your risk of knee injury.
  무릎 운동을 규칙적으로 하는 것은 당신의 무릎 부상의 위험을 줄인다.

어구

courageous 용감한
circumstance 상황, 환경
require 요구하다, 필요로 하다
determination 결단력
knee exercise 무릎 운동
regularly 규칙적으로
reduce 줄이다
injury 부상

어구
succeed 성공하다
depend on ~에 의지하다, ~에 달려있다
entirely 전적으로
effort 노력
happen 일어나다
reaction 반발, 반응
including ~를 포함하여

3 명사절 주어 수일치

(1) 명사절 주어

주어 자리에 「that절(~것)」, 「관계대명사 what절(~것, ~일)」, 「whether절 (~인지)」, 「의문사절」 등이 오면 「동사의 단수형」을 쓴다.

(2) 예문

- What happened in New York **was** a reaction from city workers, including firefighters.
  뉴욕에서 일어난 일은 소방관들을 포함한 도시 근로자들로부터의 반발이었다.

- Whether he will succeed or not **depends** entirely on his efforts.
  그가 성공할 것인지 아닐 것인지는 전적으로 그의 노력에 달려 있다.

④ 주어와 동사가 도치된 경우의 수일치

(1) there + 동사 + 명사 주어

동사 뒤에 있는 주어가 「동사의 수」를 결정한다.

· There are many factors to child maltreatment.
아동 학대에는 많은 요인들이 있다.

(2) 부사(구) + 동사 + 명사 주어

동사 뒤에 있는 주어가 「동사의 수」를 결정한다.

· Among the first animals to land our planet were the insects.
지구에 착륙한 최초의 동물 중에는 곤충들이 있었다.

어구

factor 요소, 요인
maltreatment 학대
among ~중에는
land 착륙하다
our planet 우리의 행성 지구
insect 곤충

어구

exaggerate 과장하다
effect 효과, 영향
interest rate 이자율
promise 약속하다
take a step 조치를 취하다
a series of 일련의
incident 사건

UNIT 3 | A of B 형태의 주어

❶ A of B 해석

(1) 일반적으로 「B의 A」라고 해석한다.

· We should not exaggerate the effect of interest rates.
  우리는 이자율의 영향을 과장하지 말아야 한다.

(2) B가 핵심 내용을 담고 있을 때에는 「A의 B」라고 해석하는 것이 자연스럽다.

· He promised to take a series of steps after the incident.
  그는 그 사건 이후 일련의 조치를 취할 것을 약속했다.

❷ A of B 수일치

(1) 원칙

주어의 형태가 「A of B」일 때, 원칙적으로 A가 동사의 수를 결정한다.

- The popularity of cell phones is soaring.
  휴대폰의 인기가 치솟고 있다.

- One of the exciting games I saw was the World Cup final in 2010.
  내가 본 가장 흥미진진한 경기 중 하나는 2010년 월드컵 결승전이었다.

어구

popularity 인기
cell phone 휴대폰
soar 급증하다, 치솟다
exciting 흥미진진한

어구

cause 야기하다
poor 좋지 않은, 가난한
domestic 국내의
expert 전문가
join 참여하다
research 연구
traffic accident 교통사고
decrease 감소하다

(2) 예외

① A가 「부분명사」인 경우 「B」가 동사의 수를 결정한다.

「부분명사」에는 all(전부), most(대부분), the majority(대부분), half(절반), some(약간), the rest(나머지), percent(퍼센트), 분수 등이 있다.

· Most of the fights in the world are caused by poor thinking.
이 세상에서 대부분의 싸움은 좋지 않은 생각에 의해 야기된다.

② 「a number of B」가 주어인 경우 「B」가 동사의 수를 결정한다.

「a number of (많은)」의 경우 B에는 항상 복수명사가 오며 동사의 복수형이 온다. 「the number of (~의 수)」의 경우 B에는 항상 복수명사가 오지만 주어의 형태가 「A of B」일 때의 원칙에 따라 A인 the number가 동사의 수를 결정하며 동사의 단수형이 온다는 것에 주의해야 한다.

· A number of domestic experts join the research project.
많은 국내 전문가들이 그 연구 프로젝트에 참여한다.

· The number of traffic accidents has decreased this year.
교통사고 건수가 올해 감소했다.

UNIT 4 | 접속사로 연결된 주어

어구
challenge 도전
adversity 역경, 고난
undeniable 부인할 수 없는
fact of life 인생의 현실
trial and error 시행착오
source 원천
knowledge 지식

① A and B 주어

(1) 「A and B」가 주어 자리에 오면 일반적으로 동사의 복수형을 쓴다.

· Challenge and adversity **are** undeniable facts of life.
도전과 역경은 부인할 수 없는 인생의 현실이다.

(2) 「A and B」가 「하나의 대상 또는 개념」인 경우

주어 자리에 「bread and butter(버터 바른 빵)」, 「trial and error(시행착오)」, 「all work and no play(일만 하고 놀지 않는 것)」 등 하나의 대상 또는 개념이 오면 동사의 단수형을 쓴다.

· Trial and error **is** the source of our knowledge.
시행착오가 우리의 지식의 원천이다.

CHAPTER 02 동사의 수

> **어구**
> need 필요하다
> confirm 확인하다
> happen 일어나다
> be responsible for
> ~에 책임이 있다
> failure 실패

❷ 등위 상관접속사로 연결된 주어

(1) 주어 자리에 상관접속사로 연결된 주어가 온 경우

•「both A and B(A와 B 둘 다)」	동사의 복수형을 쓴다.
•「either A or B(A 또는 B)」	B가 동사의 수를 결정한다.
•「neither A nor B(A도 B도 아닌)」	B가 동사의 수를 결정한다.
•「not A but B(A가 아니라 B)」	B가 동사의 수를 결정한다.
•「not only A but also B(A뿐 아니라 B도 역시)」	B가 동사의 수를 결정한다.
•「A as well as B(B뿐 아니라 A도 역시)」	A가 동사의 수 결정한다.

(2) 예문

- Either you or she **needs** to confirm what happened.
  너 또는 그녀가 무슨 일이 일어났는지 확인할 필요가 있다.

- You as well as he **are** responsible for the failure.
  그 뿐만 아니라 너도 그 실패에 책임이 있다.

UNIT 5 | 주요 수일치 표현

어구
store 저장하다, 보관하다
medication 약
bathroom 욕실, 화장실
careless 부주의한
walker 보행자

① many a 단수명사

(1) 「many + 복수명사」 vs 「many + a + 단수명사」

주어 자리에 「many + 복수명사」가 온 경우 「동사의 복수형」을 쓴다.
주어 자리에 「many + a + 단수명사」가 온 경우 「동사의 단수형」을 쓴다.

(2) 예문

- Many people store their medications in the bathroom.
  많은 사람들은 자신의 약들을 화장실에 보관한다.

- Many a careless walker was killed in the street.
  많은 부주의한 보행자들이 도로에서 죽었다.

CHAPTER 02 동사의 수

어구
meeting 회의
be fond of ~을 좋아하다
each 각각(의)
a variety of 다양한
skill 기량, 기술
cope with ~를 대처하다
adversity 역경

❷ every + 단수명사 등

(1) 「every + 단수명사」등

「every + 단수명사」 또는 「each + 단수명사」등이 주어인 경우 「동사의 단수형」을 쓴다.

(2) 예문

· <u>Every person</u> at the meeting <u>is</u> fond of the idea.
그 회의에 모든 사람은 그 아이디어를 좋아한다.

· <u>Each person</u> <u>has</u> a variety of skills to cope with adversity.
각각의 사람은 역경에 대처하기 위한 다양한 기량을 가지고 있다.

❸ 주격관계대명사절에서의 수일치

(1) 「주격관계대명사절」에서의 수일치

주격관계대명사 「who, which, that」 다음의 동사는 관계대명사가 대신하고 있는 「선행사」에 맞추어 「동사의 수」가 결정된다.

(2) 예문

· I know the person who is notorious for his rudeness.
나는 무례함으로 악명 높은 그 사람을 안다.

· The oceans contain many forms of life that have not yet been discovered.
바다는 아직 발견되지 않은 많은 형태의 생명체를 포함하고 있다.

· The number of fires that occur in the city is growing every year.
도시에서 발생하는 화재 건수는 매년 증가하고 있다.

어구

notorious 악명 높은
rudeness 무례함
ocean 바다
contain ~을 포함하다, ~을 억제하다
form 형태
life 생명(체)
yet 아직
discover 발견하다
occur 발생하다
grow 증가하다

친절한영어 기본을 완성하는 문법

동사의 시제

- UNIT 1 동사의 시제 기초
- UNIT 2 단순 시제
- UNIT 3 완료 시제
- UNIT 4 진행형 시제와 시제 일치

UNIT 1 | 동사의 시제 기초

❶ 동사의 활용

(1) 동사의 3단 변화

동사는 「원형 – 과거형 – 과거분사(p.p.) / 현재분사(~ing)」의 형태를 가지는데 이를 동사의 활용 또는 3단 변화라고 한다.

(2) be 동사

be 동사의 원형은 be이며, 시제가 현재일 때 am, are, is를 쓴다.

- am – was – been / being
- are – were – been / being
- is – was – been / being

(3) 일반 동사

일반 동사에는 과거형과 과거분사를 「원형+(e)d」의 형태로 만드는 규칙동사와 그 외의 방법으로 과거형과 과거분사를 만드는 불규칙 동사가 있다.

① 규칙동사
- call (부르다) – called – called / calling
- play (놀다) – played – played / playing
- like (좋아하다) – liked – liked / liking
- change (변하다) - changed - changed / changing

· marry (결혼하다) – married – married / marrying
· study (공부하다) – studied – studied / studying

· stop (멈추다) – stopped – stopped / stopping
· occur (발생하다) – occurred – occurred / occurring

② 원형, 과거형, 과거분사가 같은 동사 (A – A – A형)
· cut (자르다) – cut – cut / cutting
· hurt (다치게 하다) – hurt – hurt / hurting

③ 과거형, 과거분사가 같은 동사 (A – B – B형)
· buy (사다) – bought – bought / buying
· send (보내다) – sent – sent / sending

④ 원형, 과거분사가 같은 동사 (A – B – A형)
· become (되다) – became – become / becoming
· run (달리다) – ran – run / running

⑤ 원형, 과거형, 과거분사가 다른 동사 (A – B – C형)
· speak (말하다) – spoke – spoken / speaking
· write (쓰다) – wrote – written / writing

❷ 동사의 6시제

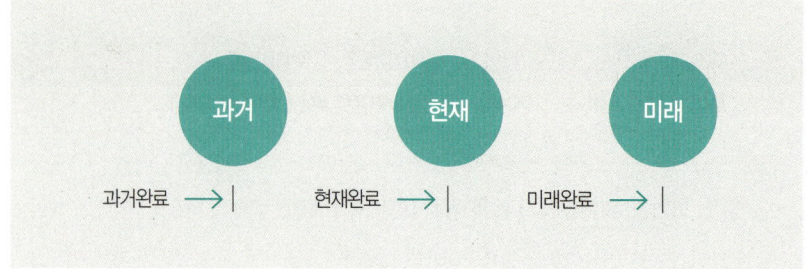

(1) 단순 시제

　① 현재 시제
　　현재의 동작이나 상태를 나타낸다.

　② 과거 시제
　　과거의 동작이나 상태를 나타낸다.

　③ 미래 시제
　　미래의 동작이나 상태를 나타낸다.

(2) **완료 시제**

　① 현재완료 시제

　　「과거에 일어난 일이 현재까지 연결」되어 있는 「계속, 경험, 완료, 결과」의 사실을 나타낸다.

　② 과거완료 시제

　　「과거보다 더 과거인 대과거」의 동작이나 상태를 나타낸다.

　③ 미래완료 시제

　　「과거(또는 현재)부터 미래」까지의 동작이나 상태를 나타낸다.

❸ be 동사

(1) be 동사의 시제와 형태

현재 시제	am, are, is
과거 시제	was, were
미래 시제	will be
현재완료 시제	have been, has been
과거완료 시제	had been
미래완료 시제	will have been

	I	You, 복수	3인칭 단수
현재 시제	am	are	is
과거 시제	was	were	was
미래 시제	will be	will be	will be
현재완료 시제	have been	have been	has been
과거완료 시제	had been	had been	had been
미래완료 시제	will have been	will have been	will have been

(2) 예문

> **어구**
> be 있다, 이다, 되다, 가(오)다
> in hospital 입원 중인

- I am in hospital.   나는 입원해 있다.
- I was in hospital.   나는 입원해 있었다.
- I will be in hospital.   나는 입원할 것이다.
- I have been in hospital.   나는 입원해 있었다.
- I had been in hospital.   나는 입원해 있었었다.
- I will have been in hospital.   나는 입원한 게 될 것이다.

- You are in hospital.   너는 입원해 있다.
- You were in hospital.   너는 입원해 있었다.
- You will be in hospital.   너는 입원할 것이다.
- You have been in hospital.   너는 입원해 있었다.
- You had been in hospital.   너는 입원해 있었었다.
- You will have been in hospital.   너는 입원한 게 될 것이다.

- The man is in hospital.   그 남자는 입원해 있다.
- The man was in hospital.   그 남자는 입원해 있었다.
- The man will be in hospital.   그 남자는 입원할 것이다.
- The man has been in hospital.   그 남자는 입원해 있었다.
- The man had been in hospital.   그 남자는 입원해 있었었다.
- The man will have been in hospital.   그 남자는 입원한 게 될 것이다.

- They are in hospital.   그들은 입원해 있다.
- They were in hospital.   그들은 입원해 있었다.
- They will be in hospital.   그들은 입원할 것이다.
- They have been in hospital.   그들은 입원해 있었다.
- They had been in hospital.   그들은 입원해 있었었다.
- They will have been in hospital.   그들은 입원한 게 될 것이다.

❹ 일반 동사

(1) 일반 동사의 시제와 형태

현재 시제	동사원형, 동사원형s
과거 시제	과거형
미래 시제	will 동사원형
현재완료 시제	have p.p.(과거분사), has p.p.(과거분사)
과거완료 시제	had p.p.(과거분사)
미래완료 시제	will have p.p.(과거분사)

	I	3인칭 단수
현재 시제	동사원형	동사원형s
과거 시제	과거형	과거형
미래 시제	will 동사원형	will 동사원형
현재완료 시제	have p.p.	has p.p.
과거완료 시제	had p.p.	had p.p.
미래완료 시제	will have p.p.	will have p.p.

(2) 예문

- I play tennis with her.　　　　나는 그녀와 테니스를 친다.
- I played tennis with her.　　　나는 그녀와 테니스를 쳤다.
- I will play tennis with her.　　나는 그녀와 테니스를 칠 것이다.
- I have played tennis with her.　나는 그녀와 테니스를 쳤다.
- I had played tennis with her.　나는 그녀와 테니스를 쳤었다.
- I will have played tennis with her.　나는 그녀와 테니스를 친 것이 될 것이다.

- He plays tennis with her.　　　그는 그녀와 테니스를 친다.
- He played tennis with her.　　그는 그녀와 테니스를 쳤다.
- He will play tennis with her.　그는 그녀와 테니스를 칠 것이다.
- He has played tennis with her.　그는 그녀와 테니스를 쳤다.
- He had played tennis with her.　그는 그녀와 테니스를 쳤었다.
- He will have played tennis　　그는 그녀와 테니스를 친 것이 될 것이다.

어구

play tennis 테니스를 치다

UNIT 2 | 단순 시제

❶ 현재 시제와 미래 시제 대용

(1) 의의

현재 시제는 현재의 동작, 상태, 습관 등을 나타낸다.
「시간과 조건의 부사절」에서는 미래의 동작이나 상태를 「미래 시제」 대신 「현재 시제」로 나타낸다.

(2) 시간과 조건의 부사절 접속사

아래의 접속사가 이끄는 문장은 시간과 조건의 부사절이 된다.

① 시간 부사절 접속사

시간 부사절을 이끄는 접속사에는 「as soon as(~하자마자)」, 「when(~때)」, 「while(~동안)」, 「after(~후에)」, 「before(~전에)」, 「until(~때까지)」, 「by the time(~쯤, ~때까지)」, 「the next time(다음에 ~때에는)」 등이 있다.

② 조건 부사절 접속사

조건 부사절을 이끄는 접속사에는 「if(~라면)」, 「provided(~라면)」, 「unless(~아니라면)」, 「in case(~하는 경우라면, ~할 경우를 대비하여)」 등이 있다.

③ 명사절과 형용사절에서 주의

when과 if는 명사절 또는 형용사절을 이끌 수 있으며 이 경우에는 미래의 동작이나 상태는 「미래 시제」로 나타낸다.

(3) 예문

① 시간의 부사절

- As soon as I **will get** all the vaccinations, I will be leaving for a break. (X)
- As soon as I **get** all the vaccinations, I will be leaving for a break. (O)
  나는 모든 예방접종을 받자마자, 휴식을 위해 떠날 것이다.

② 조건의 부사절

- We will not get to the meeting **unless** the train **will leave** soon. (X)
- We will not get to the meeting unless the train **leaves** soon. (O)
  기차가 곧 출발하지 않으면 우리는 회의에 도착하지 못할 것이다.

어구

as soon as ~하자마자
get a vaccination 예방접종을 받다
leave 출발하다, 떠나다
break 휴식
get to ~에 도착하다

> **어구**
> complete 완성하다, 끝내다
> report 보고서
> fight a fire 화재를 진압하다

❷ 과거 시제

(1) 과거 시제

과거 시점의 동작이나 상태는 과거 시제로 표현하며, 현재완료 시제를 쓰지 않도록 주의해야 한다.

(2) 과거시점을 표시하는 부사(구)

과거시점 부사(구)에는 「yesterday(어제)」, 「~ago(~전에)」, 「last~(지난~)」, 「in + 과거년도」, 「on + 과거날짜」 등이 있다.

(3) 예문

- I have completed writing a report three weeks ago. (X)
- I completed writing a report three weeks ago. (O)
  나는 2주 전에 보고서 작성을 완성했다.

- He has helped to fight a big fire in Lust Forest last night. (X)
- He helped to fight a big fire in Lust Forest last night. (O)
  그는 지난 밤 Lust Forest에서 대형 화재를 진압하는 것을 도왔다.

UNIT 3 | 완료 시제

❶ 현재완료 시제와 since 구문

(1) 의의

현재완료 시제는 과거에서 현재까지의 사실을 나타낸다.
since구문을 주의해야 한다. since는 「~이래로, ~때부터 내내」라는 의미를 가지며 「since + 과거시점」 또는 「since + 주어 + 과거동사」가 있을 때, 원칙적으로 「현재완료 시제」를 써야 한다.

(2) 예문

① 「since + 과거시점」이 있는 경우

- The budget of the U. S became the primary responsibility of the President since 1921. (X)
- The budget of the U. S has become the primary responsibility of the President since 1921. (O)
  미국의 예산은 1921년 이래로 대통령의 주요한 책임이 되었다.

② 「since + 주어 + 과거동사」가 있는 경우

- Since Thunberg began her protests, more than 60 countries promised to eliminate their carbon footprints. (X)
- Since Thunberg began her protests, more than 60 countries have promised to eliminate their carbon footprints. (O)
  툰베리가 항의를 시작한 이래로, 60개 이상의 나라에서 자신의 탄소발자국을 없앨 것을 약속했다.

어구

budget 예산
primary 주요한
responsibility 책임
protest 항의, 시위, 항의하다
more than ~이상의
promise 약속, 약속하다
eliminate 없애다
carbon footprint 탄소발자국(온실 효과를 유발하는 이산화탄소의 배출량)

already 이미
arrive 도착하다

❷ 과거완료 시제

(1) 대과거의 사실

과거완료 시제는 과거의 특정 시점을 기준으로 더 과거의 동작과 상태인 「대과거의 사실」을 나타낸다.

(2) 예문

- The movie has already started when we arrived. (X)
- The movie had already started when we arrived. (O)
  우리가 도착했을 때 영화는 이미 시작했었다.

- When I met him, he has told me that his father died three weeks before. (X)
- When I met him, he told me that his father had died three weeks before. (O)
  내가 그를 만났을 때, 그는 나에게 자신의 아버지가 3주전에 죽었다고 말했다.

❷ 미래완료 시제

(1) 과거(또는 현재)부터 미래까지의 사실

미래완료 시제는 단순한 미래의 사실이 아니라 「과거(또는 현재)부터 미래까지의 사실」을 나타낸다.

(2) 예문

- She **will live** in Seoul for three years by next month. (X)
- She **will have** lived in Seoul for three years by next month. (O)
  다음 달이면 그녀는 3년 동안 서울에 산 것이 될 것이다.

- I **will read** this book four times if I read it once again. (X)
- I **will have read** this book four times if I read it once again. (O)
  다시 한 번 읽으면, 나는 이 책을 네 번 읽는 것이 될 것이다.

어구

by ~까지는, ~쯤에는
four times 네 번
once again 다시 한 번

UNIT 4 | 진행형 시제와 시제 일치

❶ 진행형 시제

(1) 의의

진행형 시제는 원칙적으로 「진행 중인 동작」을 나타낸다.
「be 동사 + 현재분사(~ing)」의 형태로 쓰며, be 동사는 시제를 표시한다.

(2) 진행형 시제의 종류

① 현재진행형 시제

현재의 진행 중인 동작을 나타내며 「am/are/is + ~ing」로 쓴다.

· He **is teaching** here.
그는 여기서 가르치는 중이다.

② 과거진행형 시제

과거의 진행 중인 동작을 나타내며 「was/were + ~ing」로 쓴다.

· He **was teaching** here.
그는 여기서 가르치는 중이었다.

③ 미래진행형 시제

미래의 진행 중인 동작을 나타내며 「will be + ~ing」로 쓴다.

· He **will be teaching** here.
그는 여기서 가르치는 중일 것이다.

④ 현재완료진행형 시제

과거에서 현재까지 진행 중인 동작을 나타내며 「have been/has been + ~ing」로 쓴다.

· He has been teaching here.

그는 여기서 가르치는 중이었다.

⑤ 과거완료진행형 시제

대과거에 진행 중이었던 동작을 나타내며 「had been + ~ing」로 쓴다.

· He had been teaching here.

그는 여기서 가르치는 중이었다.

⑥ 미래완료진행형 시제

과거(또는 현재)부터 미래까지 진행 중일 동작을 나타내며 「will have been + ~ing」로 쓴다.

· He will have been teaching here.

그는 여기서 가르치는 중일 것이다.

(3) 진행형 시제를 쓸 수 없는 동사

상태를 나타내는 동사 have(가지고 있다), belong to(~의 것이다), taste(~한 맛이 나다), know(알고 있다) 등은 진행형 시제를 쓰지 못한다.

> **어구**
> prove 입증하다
> round 둥근
> remind 상기시키다
> travel 이동하다, 여행하다
> at a speed 속도로
> tremendous 거대한, 엄청난
> break out 발발하다

❷ 시제 일치

(1) 의의

시제 일치란 둘 이상의 동사가 있을 경우에, 같은 시점에 일어난 사실이라면 「같은 시제」를 쓰고 다른 시점에 일어난 사실이라면 「다른 시제」를 쓰는 것을 말한다.

(2) 시제 일치의 예외

불변의 진리와 과학적 사실은 항상 「현재시제」를 쓰며, 과거의 역사적 사건은 항상 「과거시제」를 쓴다.

- Columbus proved that the earth is round.
  콜럼버스는 지구가 둥글다는 것을 입증했다.

- The scientist reminded us that light travels at a tremendous speed.
  그 과학자는 우리에게 빛은 엄청난 속도로 이동한다는 것을 상기시켰다.

- Jamie learned from the book that World War I broke out in 1914.
  Jamie는 그 책에서 세계 1차 대전이 1914년에 발발했다고 배웠다.

/ MEMO /

CHAPTER 04 동사의 종류

친절한영어 기본을 완성하는 문법

- **UNIT 1** 문장의 형식 기초
- **UNIT 2** 불완전자동사와 주격보어
- **UNIT 3** 자동사와 타동사
- **UNIT 4** 문장의 4형식
- **UNIT 5** 불완전타동사와 목적보어

어구

like ~처럼
arrow 화살
circumstance 상황
considerably 상당히
over time 시간이 흐르면서

UNIT 1 | 문장의 형식 기초

❶ 1형식

(1) 개념

1형식 문장은 「주어(S) + 동사(V)」로 구성되며, 「주어가 ~하다」로 해석한다. 1형식 동사는 「완전자동사」라고 부르며, 동사 다음에 「부사적 수식어」가 오는 경우가 많다.

(2) 예문

· Time **flies** like an arrow.
  시간이 화살처럼 날아간다.

· Circumstances **have changed** considerably over time.
  상황이 시간이 흐르면서 상당히 변했다.

❷ 2형식

(1) 개념

2형식 문장은 「주어(S) + 동사(V) + 주격보어(SC)」로 구성된다. 주격보어(SC)는 주어를 보충 설명하며 「주어가 SC이다」로 해석한다. 2형식 동사는 「불완전자동사」라고 부른다.

(2) 예문

- A blizzard **is** a very bad snowstorm with strong winds.
  블리저드는 강한 바람을 가진 매우 심한 눈보라이다.

- The audience at the rock concert **was** enthusiastic.
  록 콘서트의 청중들은 열정적이었다.

어구

blizzard 눈보라
bad 심한, 나쁜
snowstorm 눈보라
audience 청중, 관객
enthusiastic 열정적인

어구
resemble 닮다
closely 꼭, 가까이, 면밀히
firefighter 소방관
save 구하다
emergency 비상, 응급

③ 3형식

(1) 개념

3형식 문장은 「주어(S) + 동사(V) + 목적어(O)」로 구성되며, 여기서 목적어(O)란 동사의 대상을 말하며 「주어가 목적어를 ~하다」로 해석한다. 3형식 동사는 「완전타동사」라고 부른다.

(2) 예문

· She **resembles** her mother very closely.
  그녀는 자신의 엄마를 꼭 닮았다.

· Firefighters **save** people and animals from many emergencies.
  소방관들은 많은 위급상황에서 사람들과 동물들을 구한다.

④ 4형식

(1) 개념

4형식 문장은 「주어(S) + 동사(V) + 간접목적어(IO) + 직접목적어(DO)」로 구성된다. 간접목적어(IO)에는 「~에게」, 직접목적어(DO)는 「~를」 붙여서 「주어가 간접목적어에게 직접목적어를 ~해주다」로 해석한다. 4형식 동사는 「수여동사」라고 부른다.

(2) 예문

· She bought him some neckties for Christmas.
그녀는 크리스마스 선물로 그에게 몇 개의 넥타이를 사 주었다.

· He told me that he used to be a fireman.
그는 나에게 자신이 소방관이었다는 것을 말해 주었다.

> **어구**
> used to be ~이었다
> fireman 소방관

> **어구**
> consider 생각하다, 고려하다
> exercise 운동

❺ 5형식

(1) 개념

5형식 문장은 「주어(S) + 동사(V) + 목적어(O) + 목적보어(OC)」로 구성되며, 목적보어(O)는 목적어를 보충 설명한다.

(2) 예문

① 목적보어(OC)에 「명사, 형용사」등이 오는 경우

목적어(O)는 「~를」, 목적보어(OC)는 「~라고/하게」를 붙여 말하며 「주어는 목적어를 ~라고 하다」, 「주어는 목적어를 ~로 하다」, 「주어가 목적어를 ~하게하다」 등으로 해석한다. 5형식 동사는 「불완전타동사」라고 부른다.
몇몇 동사의 경우는 목적보어 앞에 「as, to be, for」등을 가지기도 한다.

· We consider him a hero. (O)
· We consider him as a hero. (O)
· We consider him to be a hero. (O)
　우리는 그를 영웅이라고 생각한다.

· Exercise makes your body healthy.
　운동은 당신의 신체를 건강하게 만든다.

② 목적보어(OC)에 to부정사, 원형부정사, 현재분사, 과거분사 등이 오는 경우

목적보어 자리에 「to부정사, 원형부정사, 현재분사」가 오면 목적어가 목적보어의 행위주체가 되는 「능동관계」를 나타내며, 「목적어가 ~하게」, 「목적어가 ~하도록」, 「목적어가 ~하는 것을」 등으로 해석한다.

목적보어 자리에 「과거분사」가 오면 목적어가 목적보어의 행위대상이 되는 「수동관계」를 나타내며, 「목적어가 ~되게」, 「목적어가 ~되도록」, 「목적어가 ~되는 것을」 등으로 해석한다.

> 어구
>
> **enable** ~할 수 있게 하다, 가능하게 하다
> **anything and everything** 무엇이든지
> **employer** 고용주
> **mistake** 실수

· Money will enable you to do anything and everything.
  돈은 당신이 무엇이든지 할 수 있게 할 것이다.

· She heard the man talk about me.
  그녀는 그 사람이 나에 대해 이야기하는 것을 들었다.

· We saw you kissing her in the car.
  우리는 네가 차 안에서 그녀에게 키스하는 것을 보았다.

· The employer wants the job done quickly and without mistakes.
  고용주는 그 일이 빠르게 그리고 실수 없이 행하여지기를 원한다.

UNIT 2 | 불완전자동사와 주격보어

❶ 주어 + 불완전자동사 + 주격보어

⑴ 개념

불완전 자동사는 「주격보어」가 필요하며 「주격보어」자리에 들어갈 수 있는 품사는 명사와 형용사이다. 「주격보어」자리에 부사는 들어갈 수 없다.

⑵ 불완전자동사의 종류

① 상태변화 동사
- become(~되다), go(~되다), get(~되다), grow(~되다) 등

② 상태 유지 동사
- remain(계속 ~이다), stay(~인 채로 있다), be(~이다) 등

③ 감각 동사
- feel(~하게 느끼다), look(~하게 보이다), smell(~한 냄새가 나다)
- taste(~한 맛이 나다), sound(~하게 들리다) 등

④ 판명 동사
- prove(~로 판명되다), appear(~처럼 보이다) 등

(3) 예문

- Eggs go badly soon in hot weather. (X)
- Eggs go bad soon in hot weather. (O)
  달걀은 더운 날씨에 빨리 상한다.

- I like Mozart's music very much because his music sounds sweetly. (X)
- I like Mozart's music very much because his music sounds sweet. (O)
  나는 모차르트 음악을 정말 좋아하는데, 왜냐하면 그의 음악은 감미롭게 들리기 때문이다.

어구

go bad 나빠지다, 상하다
weather 날씨
sweet 감미로운, 달콤한

UNIT 3 | 자동사와 타동사

❶ 자동사와 타동사의 구별

(1) 개념

자동사는 「목적어」를 가지지 않는 동사이며, 타동사는 목적어를 가지는 동사이다. 자동사가 목적어를 가지기 위해서는 「자동사 + 전치사 + 목적어」가 되어야 한다. 타동사는 전치사 없이 목적어가 오며 「타동사 + 목적어」가 되어야 한다.

(2) 자동사 + 전치사 + 목적어

- account for(~를 설명하다, ~를 차지하다), arrive at(~에 도착하다)
- attend to(~에 주의를 기울이다), deal with(~를 다루다, ~를 처리하다)
- dispose of(~를 처리하다, ~를 처분하다), depend on(~에 의존하다)
- laugh at(~를 비웃다), lead to(~에 이르다, ~를 초래하다)
- object to(~를 반대하다), speak to(~에게 말하다)
- wait for(~를 기다리다) 등

(3) 타동사 + 목적어

- address(~에게 연설하다), accompany(~와 동행하다)
- attend(~에 참석하다), approach(~에 다가가다)
- await(~를 기다리다), contact(~에게 연락하다)
- discuss(~를 토론하다), enter(~에 들어가다)
- influence(~에 영향을 주다), marry(~와 결혼하다)
- obey(~에 복종하다), reach(~에 도착하다)
- resemble(~를 닮다) 등

(4) 예문

- You'd better attend to your study.
  너는 너의 학업에 주의를 기울이는 게 낫다.

- According to a poll, most people object to the death penalty.
  여론조사에 따르면 대부분의 사람들은 사형을 반대한다.

- The police officer approached the suspected murderer.
  그 경찰관은 살해 용의자에게 다가갔다.

- Please contact me at the email address I gave you last week.
  지난주에 내가 너에게 준 이-메일 주소로 나에게 연락해라.

어구

had better+동사원형
~하는 게 낫다
according to ~에 따르면
poll 여론조사
most 대부분의
death penalty 사형
suspected 미심쩍은, 의심나는
murderer 살인자, 살해범
address 주소

❷ 타동사 + 목적어 + 전치사 + 목적어

(1) 타동사 + 목적어 + 전치사구

① 방해 / 금지 동사

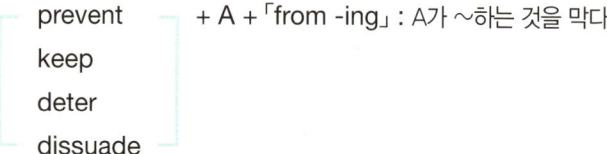

- prevent
- keep
- deter
- dissuade

+ A + 「from -ing」 : A가 ~하는 것을 막다

② 확신 / 통지 동사

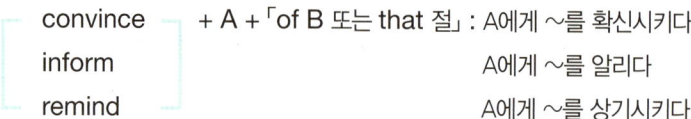

- convince + A + 「of B 또는 that 절」 : A에게 ~를 확신시키다
- inform   A에게 ~를 알리다
- remind   A에게 ~를 상기시키다

③ 제거 / 박탈 동사

rid + A + 「of B」 : A에게서 B를 없애다

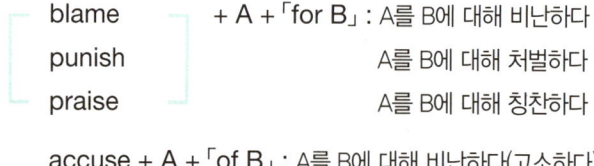

- rob
- deprive

+ A + 「of B」 : A에게서 B를 빼앗다

④ 비난 / 칭찬 동사

- blame   + A + 「for B」 : A를 B에 대해 비난하다
- punish   A를 B에 대해 처벌하다
- praise   A를 B에 대해 칭찬하다

accuse + A + 「of B」 : A를 B에 대해 비난하다(고소하다)

⑤ 공급 동사

- provide + A + 「with B」 : A에게 B를 공급하다
- provide + A + 「for/to B」 : A를 B에게 공급하다

(2) 예문

- The bad weather prevented me from going fishing.

  나쁜 날씨 때문에 나는 낚시를 가지 못했다.

- He convinced me of his innocence.

  그는 나에게 자신의 무죄를 확신시켰다.

- We can rid ourselves of our suspiciousness only by procuring more knowledge.

  우리는 단지 더 많은 지식을 얻음으로써 우리자신에게서 의심을 없앨 수 있다.

- She accused the CEO of her company of embezzlement.

  그녀는 자신의 회사의 대표이사를 횡령 혐의로 고발하였다.

- The police station provided refugees with commodities.

  그 경찰서는 난민들에게 생활필수품을 제공했다.

어구

weather 날씨
go fishing 낚시하러 가다
innocence 무죄, 천진난만
suspiciousness 의심
procure 얻다
knowledge 지식
embezzlement 횡령
police station 경찰서
refugee 난민
commodities 생활필수품, 상품

> **어구**
> a few 몇 개의

UNIT 4 | 문장의 4형식

❶ 문장의 4형식 구조를 3형식 구조로 변형

(1) 개념

문장의 4형식이란 동사의 목적어가 2개가 있는 구조를 말한다. 여기서 간접목적어 앞에 전치사를 붙여서 직접목적어 뒤로 보내면 3형식 구조가 된다. 이 때 대부분의 경우 전치사 「to」를 간접목적어 앞에 붙인다. buy(사주다), make(만들어주다) 등은 전치사 「for」를 간접 목적어 앞에 붙이며, ask(묻다, 요구하다) 등은 전치사 「of」를 간접목적어 앞에 붙인다.

(2) 예문

- I did not send him a letter last month. (4형식)
- I did not send a letter to him last month. (3형식)
  나는 지난달에 그에게 편지를 보내지 않았다.

- My wife makes me a coffee every morning. (4형식)
- My wife makes a coffee for me every morning. (3형식)
  나의 아내는 매일 아침 나에게 커피를 만들어준다.

- The teacher asked the students a few questions. (4형식)
- The teacher asked a few questions of the students. (3형식)
  그 선생님은 학생들에게 몇 개의 질문을 했다.

❷ 4형식 구조를 쓸 수 없는 동사

> **어구**
> **apply** 지원하다, 적용하다

(1) 개념

일정한 동사는 2개의 목적어를 가지는 4형식의 문장 구조를 가질 수 없다.

- explain(설명하다), describe(설명하다, 묘사하다)
- suggest(제안하다), propose(제안하다)
- say(말하다), mention(말하다)
- announce(발표하다), introduce(소개하다)
- require(요구하다), inquire(묻다) 등

(2) 예문

- She explained beginners the problem. (X)
- She explained the problem to beginners. (O)
  그녀는 초보자들에게 그 문제를 설명했다.

- He suggested me that I should apply for the job. (X)
- He suggested to me that I should apply for the job. (O)
  그는 나에게 그 일자리를 지원할 것을 제안했다.

> **어구**
> event 사건, 행사
> realize 깨닫다
> mental state 정신 상태
> deteriorate 나빠지다

UNIT 5 | 불완전타동사와 목적보어

❶ 목적어와 목적보어가 능동관계인 경우

(1) 개념

5형식 문장에서 목적어와 목적보어가 능동관계일 때, 즉 목적어가 목적보어의 「행위주체」인 경우, 목적어의 동작을 나타내는 목적보어 자리에 「to부정사」, 「원형부정사」, 「현재분사」가 온다.

(2) 「주어 + 동사 + 목적어 + to부정사」

목적어와 목적보어가 능동관계일 때 encourage(격려하다), persuade(설득하다), allow(허가하다, 할 수 있게 하다), enable(가능하게하다, 할 수 있게 하다), cause(야기하다, 하게 하다), get(하게하다), require(요구하다), order(명령하다), force(강요하다), forbid(금지하다), expect(기대하다) 등 대다수의 동사는 목적보어 자리에 「to부정사」를 쓴다.

- Johnny **persuaded** his brother **to apply** for the job.
  Johnny는 자신의 동생이 그 일에 지원하도록 설득했다.

- That event **caused** him **to realize** that his father's mental state was deteriorating.
  그 사건은 그가 자신의 아버지의 정신 상태가 나빠지고 있음을 깨닫게 했다.

(3) 「주어 + 동사 + 목적어 + 원형부정사」

목적어와 목적보어가 능동관계일 때 지각동사와 사역동사의 경우에는 목적보어 자리에 「원형부정사」를 쓴다.

① 지각동사 + 목적어 + 원형부정사

지각동사에는 notice(알아차리다), observe(보다), see(보다), watch(보다), hear(듣다), listen to(듣다), feel(느끼다) 등이 있다.

· Did you notice the young man run away?
  너는 그 젊은 남자가 달아나는 것을 알아차렸니?

② 사역동사 + 목적어 + 원형부정사

사역동사에는 make(하게하다, 만들다), have(하게하다), let(하게하다, 허락하다) 등이 있다.

· They made us copy the script.
  그들은 우리가 그 대본을 복사하게 했다.

③ help + 목적어 + (to)부정사

준사역동사로 분류되는 help(돕다)는 목적어와 목적보어가 능동관계인 경우 「to부정사」 또는 「원형부정사」를 쓴다. 즉 둘 다 가능하다.

· Fire drills help building users to learn alternative escape routes. (O)
· Fire drills help building users learn alternative escape routes. (O)
  소방훈련은 건물 사용자들이 대체 피난 경로를 학습할 수 있도록 도와준다.

어구

notice 알아차리다
run away 달아나다
copy 복사하다
script 대본, 원고
fire drill 소방 훈련
alternative 대체의
escape route 피난 경로

어구
find 발견하다, 알다, 생각하다
get old 나이가 들다

(4) 「주어 + 동사 + 목적어 + 현재분사(~ing)」

목적어와 목적보어가 능동관계일 경우 지각동사, 사역동사 have(하게하다), catch(발견하다), find(발견하다), imagine(상상하다), keep(유지하다, 계속 ~하게하다), leave(하게 두다, 되게 하다) 등의 동사는 목적보어 자리에 「현재분사」를 쓴다. 「지각동사」, 「사역동사 have」의 경우에는 목적보어 자리에 「원형부정사」 또는 「현재분사」가 올 수 있다.

· I find myself enjoying classical music as I get older.
  나이가 듦에 따라, 나는 나 자신이 클래식 음악을 즐기고 있음을 발견한다.

❷ 목적어와 목적보어가 수동관계인 경우

어구
repair 수리하다
by ~까지

(1) 개념

5형식 문장의 목적어와 목적보어가 수동관계 즉 목적어가 목적보어의 「행위대상」인 경우, 목적어의 동작을 나타내는 목적보어 자리에 「과거분사」, 「to be + 과거분사」, 「be + 과거분사」, 「being + 과거분사」 등이 올 수 있다.

주어	지각동사, 사역동사 그 외에 많은 동사	목적어	과거분사
	사역동사 let		be + 과거분사
	enable, cause, order expect 등 많은 동사		to be + 과거분사
	지각동사		being + 과거분사

(2) 「주어 + 동사 + 목적어 + 과거분사(p.p.)」

목적어와 목적보어가 수동관계일 때 지각동사와 사역동사 make, have를 포함하여 많은 동사들은 목적보어 자리에 「과거분사」를 쓴다.

· I will **have** my car repaired.
  나는 내 차가 수리되게 할 것이다. (= 나는 내 차를 수리할 것이다)

(3) 「주어 + 동사 + 목적어 + to be 과거분사」

목적어와 목적보어가 능동관계일 때 목적보어 자리에 to부정사를 쓰는 많은 동사들은 목적어와 목적보어가 수동관계일 때, 목적보어 자리에 「to be + 과거분사」를 쓰며 「to be」를 생략하는 경우도 있다.

· She **ordered** the room to be cleaned by 10 o'clock.
  그녀는 그 방이 10시까지 청소되도록 명령했다.
  (= 그녀는 그 방을 10시까지 청소하라고 명령했다)

CHAPTER 05 동사의 태

친절한영어 기본을 완성하는 문법

- UNIT 1 동사의 태 기초
- UNIT 2 3·4형식 문장의 수동태
- UNIT 3 5형식 문장의 수동태
- UNIT 4 주요 수동태 표현

어구

build 짓다, 만들다

UNIT 1 | 동사의 태 기초

❶ 능동태 vs 수동태

(1) 의의

주어와 동사의 관계에 있어, 주어가 행위의 주체가 되는 경우를 「능동태」라고 한다. 주어가 행위의 대상이 되어, 행동을 당하는 경우를 「수동태」라고 한다.

(2) 수동태의 성립과 형태

① 수동태의 성립

주어가 행위의 주체가 되어 대상(목적어)을 향해 행동을 할 때, 그 대상(목적어)이 주어가 되면 수동태가 된다.

목적어가 없는 자동사의 경우에는 수동태가 불가능하며, 타동사의 경우에는 목적어가 있으면 능동태가 되고, 목적어가 없으면 수동태가 된다.

② 수동태의 형태 및 해석

수동태의 경우 그 형태를 「be+과거분사(p.p.)」로 나타내며, 「주어가 ~되다」, 「주어가 ~하여지다」, 「주어가 ~당하다」 등으로 해석하다.

· We **build** the house.
우리가 그 집을 짓는다.

· The house **is built** by us.   수동태 전환
그 집은 우리에 의해 지어진다.

❷ 수동태의 시제

⑴ 수동태의 시제

수동태의 형태는 「be+과거분사(p.p.)」로 나타내며, 여기서 「be 동사」는 시제를 표시한다.

⑵ 수동태 시제의 종류

① 단순 시제

현재 시제는 「am / are / is + p.p.」로 쓴다.
과거 시제는 「was / were + p.p.」로 쓴다.
미래 시제는 「will be + p.p.」로 쓴다.

- The house is built. 그 집은 지어진다.
- The house was built. 그 집은 지어졌다.
- The house will be built. 그 집은 지어질 것이다.

② 완료 시제

현재완료 시제는 「have been / has been + p.p.」로 쓴다.
과거완료 시제는 「had been + p.p.」로 쓴다.
미래완료 시제는 「will have been + p.p.」로 쓴다.

- The house has been built. 그 집은 지어졌다.
- The house had been built. 그 집은 지어졌었다.
- The house will have been built. 그 집은 지어지게 될 것이다.

③ 진행형 시제

수동태의 진행형 시제는 「현재진행형」시제와 「과거진행형」시제는 쓴다.
하지만 다른 진행형 시제는 수동태를 일반적으로 쓰지 않는다.
현재진행형 시제는 「am / are / is + being + p.p.」로 쓴다.
과거진행형 시제는 「was / were + being + p.p.」로 쓴다.

- The house is being built. 그 집은 지어지는 중이다.
- The house was being built. 그 집은 지어지는 중이었다.

> **어구**
> dispose of ~을 처리하다
> radioactive waste 방사능 폐기물
> safely 안전하게

UNIT 2 | 3·4형식 문장의 수동태

❶ 3형식 문장의 수동태 전환

(1) 단순 타동사의 경우

3형식 문장인 「주어 + 동사 + 목적어」를 수동태로 바꾸면 「주어 + be p.p.(by 행위자)」의 형태가 되며 「주어가 ~되다 (~에 의해)」, 「주어가 ~하여지다 (~에 의해)」, 「주어가 ~당하다 (~에 의해)」 등으로 해석되며, 「by 행위자」가 중요하지 않은 경우 생략될 수 있다.

- Someone **broke** the window yesterday.
  누군가가 어제 그 창문을 깨뜨렸다.

- The window **was broken** yesterday (by someone). 〔수동태 전환〕
  그 창문은 어제 깨어졌다(누군가에 의해).

(2) 타동사구 「자동사 + 전치사」가 수동태로 전환된 경우

「be + 과거분사」 다음 「전치사」를 빠뜨리지 않도록 주의해야 한다.

- We must **dispose of** radioactive waste safely.
  우리는 방사능 폐기물을 안전하게 처리해야 한다.

- Radioactive waste must **be disposed of** safely (by us). 〔수동태 전환〕
  방사능 폐기물은 안전하게 처리되어야 한다(우리에 의해).

② 「타동사 + 목적어 + 전치사구」의 수동태 전환

(1) 제거/박탈 동사

    rob
    deprive   + A + 「of B」 : A에게서 B를 빼앗다

  A +   be robbed
          be deprived   + 「of B」 : A가 B를 빼앗기다   _{수동태 전환}

(2) 확신/통지 동사

    convince   + A + 「of B 또는 that 절」 : A에게 ~를 확신시키다
    inform   A에게 ~를 알리다
    remind   A에게 ~를 상기시키다

  A +   be convinced   + 「of B 또는 that 절」 : A는 ~를 확신하다   _{수동태 전환}
          be informed   A는 ~를 알게 되다
          be reminded   A는 ~가 생각나다

어구
wallet 지갑
innocence 무죄, 천진난만

(3) 예문

① 주어 + rob + A + of B

· Someone robbed me of my wallet.
누군가가 나에게서 지갑을 빼앗았다.

· I **was robbed of** my wallet (by someone). `수동태 전환`
나는 지갑을 빼앗겼다(누군가에 의해).

② 주어 + convince + A + of B

· He convinced me of his innocence.
그는 나에게 자신의 무죄를 확신시켰다.

· I **was convinced of** his innocence (by him). `수동태 전환`
나는 그의 무죄를 확신했다(그에 의해).

❸ 4형식 문장의 수동태 전환

어구
senior citizen 노인
it is time to do ~할 때이다
let ~ go ~을 놓다, 풀어주다
precious 소중한

(1) 수동태 전환

4형식 문장인 「주어 + 수여동사 + 간접목적어 + 직접목적어」를 수동태로 바꾸면 「주어 + be p.p. + 목적어 (by 행위자)」의 형태가 되며, 「주어가 ~을 받다 (~에 의해)」, 「주어가 ~을 당하다 (~에 의해)」 등으로 해석되며 「by 행위자」가 중요하지 않은 경우 생략될 수 있다.

(2) 예문

① 주어 + give + 간접목적어 + 직접목적어

· She gave me the book.
  그녀가 나에게 그 책을 주었다.

· I was given the book (by her).   *수동태 전환*
  나는 그 책을 받았다(그녀에 의해).

② 주어 + tell + 간접목적어 + 직접목적어

· People tell senior citizens that it's time to let the precious freedom go.
  사람들은 노인들에게 그 소중한 자유를 놓아야 할 때라고 말한다.

· Senior citizens are told that it's time to let the precious freedom go.   *수동태 전환*
  노인들은 그 소중한 자유를 놓아야 할 때라고 듣는다.

어구
call 부르다
genius 천재

UNIT 3 | 3·4형식 문장의 수동태

❶ 5형식 문장의 수동태 전환

(1) 수동태 전환

5형식 문장인 「주어 + 동사 + 목적어 + 목적보어」를 수동태로 바꾸면 「주어 + be p.p. + 주격보어 (by 행위자)」의 형태가 되며 「by 행위자」가 중요하지 않은 경우 생략될 수 있다. 능동태에서의 목적보어는 수동태가 되면 주격보어가 된다.

(2) 예문

· We **call** him a genius.
　우리는 그를 천재라고 부른다.

· He **is called** a genius (by us). 　수동태 전환
　그는 천재라고 불린다(우리에 의해).

❷ 목적보어 자리에 「명사 또는 형용사」가 있는 경우

> **어구**
> consider 생각하다, 고려하다
> honest 정직한

(1) 수동태 전환

수동태로 바꾸면 「주어 + be p.p. + 명사보어 또는 형용사보어 (by 행위자)」의 형태가 되며 「주어가 ~라고 ~하여지다 (~에 의해)」, 「주어가 ~로 ~하여지다 (~에 의해)」, 「주어가 ~하게 ~되다 (~에 의해)」 등으로 해석한다. 능동태에서 목적보어 앞에 「as, to be, for」가 있는 경우 수동태에서 주격보어 앞에 「as, to be」가 있다.

(2) 예문

① 주어 + consider + 목적어 + 목적보어

- We consider him a hero.
  우리는 그를 영웅이라고 여긴다.
- We consider him as a hero.
- We consider him to be a hero.

- He is considered a hero (by us). **수동태 전환**
  그는 영웅이라고 여겨진다(우리에 의해).
- He is considered as a hero (by us).
- He is considered to be a hero (by us).

② 주어 + think + 목적어 + 목적보어

- We think him honest.
  우리는 그를 정직하다고 생각한다.

- He is thought honest (by us). **수동태 전환**
  그는 정직하다고 생각 된다(우리에 의해).

> **어구**
> allow 허용하다, 할 수 있게 하다
> roam 돌아다니다
> where ~ 곳으로
> please 원하다

③ 목적보어 자리에 「to부정사」 등이 있는 경우

(1) 수동태 전환

목적보어 자리에 「to부정사」, 「원형부정사」, 「현재분사」 등이 있는 경우, 수동태가 되면 「주어 + be p.p. + to부정사 또는 현재분사 (by 행위자)」의 형태가 되며 「주어가 ~하는 것이 ~되다 (~에 의해)」, 「주어가 ~하도록 ~되다 (~에 의해)」 등으로 해석한다.

목적보어 자리에 「과거분사」가 있는 경우, 수동태가 되면 「주어 + be p.p. + 과거분사」의 형태가 되며 「주어가 ~하여진 것이 ~되다 (~에 의해)」 등으로 해석한다.

(2) 예문

① 주어 + allow + 목적어 + to부정사

- People **allow** monkeys to roam where they please in the city.
  사람들은 원숭이들이 도시에서 원하는 곳으로 돌아다니는 것을 허용한다.

- Monkeys **are allowed** to roam where they please in the city.
  <mark>수동태 전환</mark>
  원숭이들은 도시에서 그들이 원하는 곳으로 돌아다니는 것이 허용된다.

② 주어 + 지각동사 + 목적어 + 원형부정사

- They saw Tom come out of the room.
  그들은 탐이 방에서 나오는 것을 보았다.

- Tom was seen to come out of the room (by them). 수동태 전환
  탐이 방에서 나오는 것이 보였다 (그들에 의해).

③ 주어 + 지각동사 + 목적어 + 원형부정사

- They made us copy the script.
  그들은 우리가 그 대본을 복사하게 했다.

- We were made to copy the script (by them). 수동태 전환
  우리는 그 대본을 복사해야 했다 (그들에 의해).

어구

come out of ~에서 나오다
copy 복사하다
script 대본, 원고

> **어구**
> believe 생각하다, 믿다
> introduce 소개하다, 도입하다

UNIT 4 | 주요 수동태 표현

❶ 목적어가 절인 경우의 수동태

(1) 수동태 전환

목적어가 「that 절」인 문장을 수동태로 바꾸면 「가주어 it」를 이용한 「it + be p.p. + that 절」의 형태가 되며 「가주어 it」은 해석하지 않는다.

(2) 예문

· People believe that he introduced coffee to North America.
  사람들은 그가 커피를 북아메리카에 소개한 것으로 생각한다.

· **It is believed** that he introduced coffee to North America.
  수동태 전환
  그가 커피를 북아메리카에 소개한 것으로 생각된다.

❷ by 이외의 전치사를 쓰는 수동태

어구
geologist 지질학자
pioneer 개척자
field 분야, 들판

(1) 수동태의 전치사

수동태 문장에서 동작의 주체를 표시할 때 「by 행위자」를 사용하는 경우가 보통이지만, 동사에 따라 다양한 전치사가 쓰인다.

- be concerned about ~에 대해 걱정하다
- be covered with   ~로 덮이다
- be interested in   ~에 관심이 있다
- be married to   ~와 결혼하다

- be known to   ~에게 알려지다
- be known by   ~에 의해 식별되다
- be known for   ~로 알려지다
- be known as   ~로서 알려지다

(2) 예문

- She **was married to** a young geologist.
  그녀는 젊은 지질학자와 결혼했다.

- He **is known as** a pioneer in this field.
  그는 이 분야의 개척자로서 알려져 있다.

어구

by ~까지, ~쯤에
successor 후계자
USSR (구)소련

❸ 수동태 불가동사

(1) 수동태를 쓸 수 없는 동사

자동사는 수동관계가 없으며 따라서 수동태로 쓸 수 없다. 그리고 타동사이더라도 무의지 동사는 수동태를 쓰지 못한다.

(2) 수동태 불가동사

- happen(일어나다), occur(일어나다)
- appear(나타나다), emerge(등장하다)
- disappear(사라지다), die(죽다)
- exist(존재하다), rise(오르다)
- resemble(~를 닮다), lack(~이 부족하다)
- consist of(~로 구성되다), suffer from(~로 고통 받다) 등

(3) 예문

- By 1955 Nikita Khrushchev had been emerged as Stalin's successor in the USSR. (X)
- By 1955 Nikita Khrushchev had emerged as Stalin's successor in the USSR. (O)
  1955년까지 니키타 흐루시초프가 (구)소련에서 스탈린의 후계자로 등장했다.

- The group was consisted of ten people. (X)
- The group consisted of ten people. (O)
  그 그룹은 10명으로 구성되었다.

/ MEMO /

CHAPTER 06 조동사

친절한영어 기본을 완성하는 문법

- UNIT 1 조동사 기초
- UNIT 2 당위의 should
- UNIT 3 조동사 + have p.p.
- UNIT 4 주요 조동사 표현

어구
keep 유지하다
household 가정

UNIT 1 | 조동사 기초

❶ 조동사 일반

(1) 조동사 + 동사원형(R)

조동사는 주어의 수와 인칭에 영향을 받지 않으며 「동사원형」과 함께 쓰인다.

· **The spider can help** to keep a household healthy.
거미는 가정을 건강하게 유지하는 것을 도울 수 있다.

(2) 부정문과 의문문

① 부정문

「조동사 + not + 동사원형(R)」을 쓴다.

· **The spider can not help** to keep a household healthy.
거미는 가정을 건강하게 유지하는 것을 도울 수 없다.

② 의문문

「조동사 + 주어 + 동사원형(R) – ?」을 쓴다.

· **Can the spider help** to keep a household healthy.
거미는 가정을 건강하게 유지하는 것을 도울 수 있니?

❷ 주요 조동사

(1) should

① 의무/당위 (~해야 한다)

조동사 「ought to」역시 「~해야 한다」라는 의미를 가진다.

- You **should wash** your hands regularly.
- = You **ought to wash** your hands regularly.

  너는 자주 너의 손을 씻어야 한다.

② 추측 (아마 ~일 것이다)

- We **should arrive** before dark.

  우리가 어두워지기 전에 도착할 수 있을 것이다.

(2) must

① 의무 (~해야 한다)

- The training **must meet** the requirements of the safety regulations.

  훈련은 안전 규정의 요구사항을 충족해야 한다.

② 강한 추측 (~임에 틀림없다)

- You **must be** hungry after all that walking.

  그렇게 걸었으니 너는 틀림없이 배가 고플 거야.

어구

regularly 규칙적으로
arrive 도착하다
meet 충족시키다
requirement 요구사항
safety regulation 안전규정
all that 그렇게, 그토록

어구
as you wish 당신이 하고 싶은 대로

(3) may

① 허가, 가능 (~할 수 있다)

- You **may sit** down or stand, just as you wish.
  당신이 하고 싶은 대로, 앉거나 서 있을 수 있다.

② 약한 추측 (~일 지도 모른다)

- I **may be** late, so don't wait for me.
  나는 늦을 지도 모른다. 그러므로 나를 기다리지 마라.

⑷ can / can't

① 가능, 허가 (~할 수 있다)

· Fire can destroy your house in less than an hour.
불은 한 시간도 못되어 당신의 집을 파괴할 수 있다.

· She can't get over her shyness.
그녀는 자신의 소심함을 극복하지 못한다.

② 강한 부정의 추측 can't (~일 리가 없다)

· That can't be Mary – she's in New York.
그 사람이 메리일 리가 없어. 그녀는 뉴욕에 있어.

> **어구**
>
> **destroy** 파괴하다
> **less than** ~보다 적은, ~도 안 되어
> **get over** 극복하다
> **shyness** 소심함, 수줍음

어구
- share 함께 쓰다, 공유하다
- profit 이익
- employee 직원
- committee 위원회
- matter 문제
- discuss 논의하다
- meeting 회의

UNIT 2 | 당위의 조동사 should

❶ 주장 동사 등 + that + 주어 + (should) + 동사원형(R)

(1) 의미 및 형태

「주장/요구/제안/명령」동사 다음에 오는 「that 절」의 의미가 당위(−해야 한다)로 해석되는 경우 「that 절」안의 동사를 「should + 동사원형」으로 쓴다. 이 때 should는 생략 가능하므로 「동사원형」을 쓰는 경우가 대부분이다.

(2) 주장/요구/제안/명령 동사

- insist(주장하다), ask(요구하다)
- demand(요구하다), require(요구하다)
- request(요구하다), advise(충고하다)
- recommend(권고하다), propose(제안하다)
- suggest(제안하다), order(명령하다) 등

(3) 예문

- She demanded that he share the profits with the employees.
  그녀는 그가 이익을 직원들과 공유하기를 요구했다.

- The committee recommended that the matter be discussed at the next meeting.
  위원회는 그 문제를 다음 회의에서 논의할 것을 권고했다.

❷ it is + 판단 형용사 + that + 주어 + (should) + R

(1) 의미 및 형태

「it is」와 「that 절」 사이에 「중요한, 필수적인, 긴급한, 바람직한」등의 이성적 판단 형용사가 올 경우, 「that 절」에는 당위의 의미가 있으므로 「that 절」 안의 동사를 「should + 동사원형」으로 쓴다. should는 생략 가능하므로 「동사원형」을 쓰는 경우가 많다.

(2) 판단 형용사

- important(중요한), of importance(중요한)
- necessary(필요한), essential(필요한)
- urgent(긴급한), desirable(바람직한) 등

(3) 예문

- It is important that the merger go through without a problem.
  합병은 문제없이 통과되는 것이 중요하다.

- It is necessary that the language in any advertising campaign be examined carefully.
  어떤 광고캠페인에서든 언어는 신중하게 검토되는 것이 필요하다.

어구

merger 합병
go through 통과되다
advertising campaign 광고캠페인
examine 조사하다, 검토하다
carefully 신중하게, 조심스럽게

어구
participate in ~에 참여하다

UNIT 3 | 조동사 + have p.p.

❶ 과거사실의 유감

(1) should + have p.p.

「~했어야만 했는데 (그런데 하지 않았다)」라는 의미로 「과거사실의 유감」을 나타낸다.

· I **should have gone** to the party.
난 그 파티에 갔어야만 했는데 (그런데 가지 않았다).

· I **should not have gone** to the party.
난 그 파티에 가지 말았어야 했는데 (그런데 갔다).

(2) need not + have p.p.

「~할 필요가 없었는데 (그런데 했다)」라는 의미로 「과거사실의 유감」을 나타낸다.

· I **need not have participated** in the party tonight.
난 오늘밤 그 파티에 참여할 필요가 없었는데(그런데 참여했다).

② 과거사실의 추측

(1) must + have p.p.

「~했음에 틀림없다」라는 의미로 「과거사실의 강한 추측」을 나타낸다.

· He **must have known** the truth in advance.
  그는 그 사실을 미리 알고 있었음에 틀림없다.

(2) may have p.p. = might have p.p.

「~했을 지도 모른다」라는 의미로 「과거사실의 약한 추측」을 나타낸다.

· She **may have read** the book.
  그녀가 그 책을 읽었을 지도 모른다.

(3) can't have p.p.

「~했을 리가 없다」라는 의미로 「과거사실의 강한 부정의 추측」을 나타낸다.

· He **can't have done** such a stupid thing.
  그가 그렇게 어리석은 짓을 했을 리가 없다.

어구

in advance 미리
such 그런, 그렇게
stupid 어리석은

> **어구**
>
> suppose 생각하다, ~인 것 같다
> get an X-ray X선 검사를 받다
> pity 동정하다
> when it comes to ~에 대해서

UNIT 4 | 주요 조동사 표현

① 주요 조동사 관용표현

(1) may 관련 관용표현

· 「may as well + 동사원형」 ~하는 게 낫다
  = 「had better + 동사원형」

· I suppose we **may as well get** an X-ray.
  = I suppose we **had better get** an X-ray.
  나는 우리가 X선 검사를 받는 게 나을 것 같다.

(2) can 관련 관용표현

① 「can't but + 동사원형」 ~할 수 밖에 없다
  = 「can't help + ~ing」
  = 「have no choice but + to부정사」

  · I **could not but pity** him.
  = I **could not help pitying** him.
  나는 그를 동정할 수밖에 없었다.

② 「can't ~ too ~ 」 아무리 ~해도 지나치지 않다
  · You **cannot** be **too** careful when it comes to safety.
  안전에 대해서는 아무리 주의를 기울여도 지나치지 않다.

(3) would 관련 관용표현

「would rather + 동사원형 + than + 동사원형」 ~하기 보다는 ~하는 게 낫다.

- I'd rather relax at home than go to the movies tonight.
  나는 오늘밤 영화를 보러가기 보다는 집에서 쉬고 싶다.

어구
relax 쉬다
business 사업, 사업체
line 늘어서 있다
everywhere 곳곳에

(4) used to 동사원형 등

- 「used to + 동사원형」　　하곤 했다, ~였다
- 「be used to ~ing」　　~에 익숙하다
- 「be used to + 동사원형」　~하기 위해 사용되다

- These businesses used to line the streets of small towns everywhere.
  이러한 사업체들이 작은 마을들 거리 곳곳에 늘어서 있었다.

- She is used to living alone. (O)
- She is used to live alone. (X)
  그녀는 혼자 사는데 익숙하다.

어구
call 전화하다
several times 여러 번
failure 실패
success 성공

❷ 강조의 do와 대동사 do

(1) 강조의 do

평서문에서 「일반 동사」의 의미를 강조하고자 할 때 「do / does / did + 동사원형」을 쓴다.

· I called her several times.
  나는 그녀에게 여러 번 전화했다.

  → I **did call** her several times.
  나는 그녀에게 정말 여러 번 전화했다.

(2) 대동사 do

문장에서 「일반 동사」의 반복을 피하기 위해 대동사 「do / does / did」를 쓴다.

· I learned more from my failures than I **did** from my successes.
  나는 나의 성공에서 배운 것보다 나의 실패에서 더 많은 것을 배웠다.

/ MEMO /

CHAPTER 07

친절한영어 기본을 완성하는 문법

가정법

- UNIT 1 가정법 기초
- UNIT 2 if의 생략
- UNIT 3 주요 가정법 표현

어구
choose 선택하다, 고르다
travel 여행하다, 이동하다

UNIT 1 | 가정법 기초

가정법은 실제로 일어나지 않은 일에 대한 가정을 할 때 사용하는 문장 구성 방법이다.

① 가정법 과거

(1) 「현재」의 사실에 반대되는 가정을 할 때 가정법 과거를 쓴다.

　　if + 주어 + 과거동사(be동사는 were), 주어 + 조동사 과거형 + 동사원형
　　　　　　　~라면　　　　　　　　　　　　　　　　~할 텐데

(2) 예문

- If I were rich now, I could buy the car.
  내가 지금 부유하다면, 나는 그 차를 살 수 있을 텐데.

- If I had a time machine, I would choose to travel Joseon in the 1830s.
  나에게 타임머신이 있다면, 나는 1830년대의 조선을 여행하기를 선택할 텐데.

❷ 가정법 과거완료

(1) 「과거」의 사실에 반대되는 가정을 할 때 가정법 과거완료를 쓴다.

if + 주어 + had p.p., 주어 + 조동사 과거형 + have p.p.
　　　　　~였다면　　　　　　　　~했을 텐데

어구
be 있다, 이다, 되다, 가(오)다
visit 방문하다
a little 약간
hard 열심히, 어려운

(2) 예문

· If she had been at home yesterday, I would have visited her.
  그녀가 어제 집에 있었다면, 나는 그녀를 방문했을 텐데.

· If I had studied a little harder, I could have passed the exam.
  내가 조금 더 열심히 했더라면, 나는 시험을 합격할 수 있었을 텐데.

어구

ask for ~을 요청하다
vacation 휴가, 방학

③ 혼합 가정법

(1) 「과거 + 현재」의 사실에 반대되는 가정을 할 때 혼합 가정법을 쓴다.

　　if + 주어 + had p.p., 주어 + 조동사 과거형 + 동사원형
　　　　　　～였다면　　　　　　　～할 텐데

(2) 예문

- If I **had asked** for a vacation last month, I **would be** in Hawaii now.
  내가 지난달 휴가를 요청했더라면, 지금 하와이에 있을 텐데.

❹ 가정법 미래

(1) 불확실한 「미래」 또는 「실현 불가능한 상황」을 가정할 때 가정법 미래를 쓴다.

- if + 주어 + should 동사원형, 주어 + 조동사 과거형(또는 조동사 원형) + 동사원형
  ~하게 된다면   ~할 것이다

- if + 주어 + should 동사원형, 동사원형(R) ~
  ~하게 된다면   ~하세요(명령문)

- if + 주어 + were to 동사원형, 주어 + 조동사 과거형 + 동사원형
  ~하게 된다면   ~할 것이다.

어구

item 제품, 항목
deliver 배달하다
need 필요하다
complain 불평하다
hesitate 주저하다
call 부르다, 전화하다
rise 뜨다, 오르다
accept 받아들이다
proposal 제안, 청혼

(2) 예문

- If the item **should** not **be delivered** tomorrow, they **would complain** about it.
- If the item **should** not **be delivered** tomorrow, they **will complain** about it.
  만일 그 제품이 내일 배달되지 않는다면, 그들은 그것에 대해 불평할 것이다.

- If you **should need** any information, **do not hesitate** to call me.
  만일 정보가 필요하다면, 주저하지 말고 나에게 전화해라.

- Even if the sun **were to rise** in the west, I **would** not **accept** his proposal.
  해가 서쪽에서 뜬다하더라도, 나는 그의 제안을 받아들이지 않을 것이다.

어구
in one's place ~의 입장에
otherwise 다르게

UNIT 2 | if의 생략

가정법에서 조건절의 「if」는 생략될 수 있다. 이 때 if 다음에 나오는 「주어/동사」의 어순이 도치된다.

❶ 가정법 과거

(1) 가정법 과거에서 if절에 were가 있는 경우 「if」를 생략할 수 있다.

<u>were</u> + 주어 + ~ , 주어 + <u>조동사 과거형</u> + 동사원형
~라면   ~할 텐데

(2) 예문

- If Mary were in your place, she would do otherwise.
- **Were Mary** in your place. she **would do** otherwise.
  메리가 너의 입장에 있다면, 그녀는 다르게 행동할 텐데.

❷ 가정법 과거완료

(1) 가정법 과거완료에서 「if」를 생략하면 「had + 주어 + p.p.」가 된다.

　　had + 주어 + p.p., 주어 + 조동사 과거형 + have p.p.
　　　　~였다면　　　　~했을 텐데

어구
follow 따르다
order 명령, 주문
punish 처벌하다

(2) 예문

- If they had followed my order, they would not have been punished.
- Had they followed my order, they would not have been punished.

　그들이 나의 명령을 따랐더라면, 그들은 처벌받지 않았을 텐데.

❸ 혼합 가정법

(1) 혼합 가정법에서 「if」를 생략하면 「had + 주어 + p.p.」가 된다.

had + 주어 + p.p., 주어 + 조동사 과거형 + 동사원형
　　　~였다면　　　　~할 텐데

(2) 예문
- If I had followed your advice then, I would be healthier now.
- **Had I followed** your advice then, I **would be** healthier now.
  내가 그 때 너의 충고를 따랐더라면, 나는 지금 더 건강할 텐데.

④ 가정법 미래

(1) 가정법 미래에서 「if」를 생략하면 「should + 주어 + 동사원형」이 된다.

- should + 주어 + 동사원형, 주어 + 조동사 과거형 / 조동사 원형 + 동사원형
  　　　　～하게 된다면　　　　　　　～할 것이다

- should + 주어 + 동사원형, 동사원형(R) ～
  　　　　～하게 된다면　～하세요(명령문)

(2) 예문

- If I should pass this exam, my parents would(will) be very happy.
- Should I pass this exam, my parents would(will) be very happy.
  만일 내가 이번 시험을 합격한다면, 나의 부모님께서 매우 기뻐할 것이다.

- If you should you have any questions, please feel free to contact me.
- Should you have any questions, please feel free to contact me.
  만일 질문이 있다면, 자유롭게 나에게 연락하세요.

어구

feel free to do 자유롭게 ～하다
contact 연락하다

어구
be on vacation 휴가 중이다, 방학 중이다 **purchase** 구매하다, 사다

UNIT 3 | 주요 가정법 표현

❶ I wish 가정법 구문

(1) I wish + 주어 + 과거동사(be동사는 were) 「주절의 동사(wish)와 같은 시제」가정
    좋을 텐데   ~라면

    I wish + 주어 + had p.p. 「주절의 동사(wish)보다 더 과거」가정
    좋을 텐데   ~였다면

(2) 예문

· I wish we **were** on vacation **now**.
  우리가 지금 방학 중이라면 좋을 텐데.

· I wish we **had purchased** the apartment **last year**.
  우리가 작년에 그 아파트를 구입했더라면 얼마나 좋을까.

❷ as if 가정법 구문

(1) as if + 주어 + 과거동사(be동사는 were)　　「주절의 동사와 같은 시제」가정
　　마치　　　　～인 것처럼

　　as if + 주어 + had p.p.　　　　　　　　　　「주절의 동사보다 더 과거」가정
　　마치　　　　～였던 것처럼

> **어구**
> fluently 유창하게
> sight 광경

(2) 예문

- He speaks English fluently as if he were an American.
  그는 마치 자신이 미국사람인 것처럼 유창하게 영어로 말한다.

- He talks as if he had seen the sight last night.
  그는 어젯밤에 그 광경을 보았던 것처럼 이야기한다.

어구
creature 생물
extinct 멸종된

❸ ~가 없(었)다면 가정법 구문

(1) 「~가 없(었)다면」 가정법 구문

· If it were not for ~ , 주어 + 조동사 과거형 + 동사원형
　　~가 없다면　　　　　　　　~할 텐데

· If it had not been for ~ , 주어 + 조동사 과거형 + have p.p.
　　~가 없었다면　　　　　　　~했을 텐데

(2) 예문

· **If it were not for** water, all creatures on earth **would be** extinct.
= **Were it not for** water, all creatures on earth would be extinct.
= **But for** water, all creatures on earth would be extinct.
= **Without** water, all creatures on earth would be extinct.
　물이 없다면, 지구상의 모든 생물들은 멸종할 텐데.

· **If it had not been for** water, all creatures on earth **would have been** extinct.
= **Had it not for water**, all creatures on earth would have been extinct.
= **But for** water, all creatures on earth would have been extinct.
= **Without** water, all creatures on earth would have been extinct.
　물이 없었다면, 지구상의 모든 생물들은 멸종했을 텐데.

❹ it is time 가정법 과거 구문

어구
review 재검토하다
foreign policy 외교정책
the Middle East 중동

(1) It is (high/about) time 가정법 구문 「주어가 ~할 때이다」

- 「It is (high/about) time + (that) + 주어 + 과거동사」
- 「It is (high/about) time + (that) + 주어 + should + 동사원형」
- 「It is (high/about) time + for 목적격 + to부정사」

(2) 예문

- It is high time that we reviewed our foreign policy in the Middle East.
- It is high time that we should review our foreign policy in the Middle East.
- It is high time for us to review our foreign policy in the Middle East.
  우리가 중동에서의 외교 정책을 재검토할 때이다.

2

준동사와 문장 구조

Chapter 01　문법의 기본구조

Chapter 02　동사의 수

Chapter 03　동사의 시제

Chapter 04　동사의 종류

Chapter 05　동사의 태

Chapter 06　조동사

Chapter 07　가정법

Chapter 08　to부정사

Chapter 09　동명사

Chapter 10　분사

Chapter 11　등위접속사와 병치

Chapter 12　명사절 접속사

Chapter 13　관계사

Chapter 14　부사절 접속사

Chapter 15　비교 구문

Chapter.16　도치 구문과 강조 구문

Chapter 17　명사, 관사, 대명사

Chapter.18　형용사, 부사, 전치사

친절한영어 기본을 완성하는 문법

to부정사

- UNIT 1　to부정사 기초
- UNIT 2　to부정사의 의미상 주어
- UNIT 3　to부정사의 시제와 태
- UNIT 4　주요 부정사 표현

어구
protect 보호하다
bone 뼈
joint 관절
muscle 근육

UNIT 1 | to부정사 기초

to부정사는 「to 동사원형(R) ~」의 형태를 가지며, 문장에서 「명사」, 「형용사」, 「부사」가 하는 역할을 수행할 수 있다.

❶ to부정사의 명사 역할

(1) 명사 역할

to부정사는 명사의 역할 즉 「주어」, 「목적어」, 「주격보어」로 사용될 수 있다.
이 때 to부정사는 「~하는 것」으로 해석된다.

(2) 주어

to부정사가 「주어」자리에 올 때, 「가주어 it」을 쓰고 진짜주어인 「to부정사」를 문장 뒤에 두는 것이 일반적이다.

- To protect your bones, joints, and muscles is important.
- It is important to protect your bones, joints, and muscles.
  당신의 뼈, 관절 그리고 근육을 보호하는 것은 중요하다.

(3) 목적어

타동사의 「목적어」자리에 「to부정사」가 올 수 있다.

· He decided to exercise for an hour every day.
그는 매일 한 시간 동안 운동할 것을 결심했다.

(4) 주격보어

주어를 보충하는 동격보어로서 「be 동사」 다음에 「to부정사」가 올 수 있다.

· One of our jobs is to find out exactly the location of the center of storms.
우리의 일 중 하나는 폭풍의 중심의 위치를 정확히 알아내는 것이다.

어구

decide 결심하다, 결정하다
exercise 운동, 운동하다
find out 알아내다
exactly 정확히
location 위치
storm 폭풍

어구

medicine 약
effort 노력
restrict 제한하다
freedom of the press 언론의 자유
rightly 마땅히
condemn 비난하다

❷ to부정사의 형용사 역할

(1) 형용사 역할

to부정사는 「앞에 있는 명사를 수식」하는 형용사적 수식어로 사용될 수 있다. 이 때 to부정사는 「~할, ~할 수 있는, ~하는, ~하기 위한」 등으로 해석된다.

(2) 예문

- Animal testing is the best way to test medicines.
  동물실험은 약을 테스트 할 최선의 방법이다.

- Any effort to restrict the freedom of the press is rightly condemned.
  언론의 자유를 제한하려는 어떠한 노력도 마땅히 비난받는다.

③ to부정사의 부사 역할

(1) 부사 역할

to부정사는 「그 외 수식어」인 부사적 수식어로 사용될 수 있다. 이 때 to부정사는 「목적」, 「결과」, 「원인」, 「정도」, 「판단」 등의 의미로 쓰인다. 그 중에서 「목적(~하기 위해)」의 의미로 쓰이는 경우가 가장 많다.

(2) 예문

- **To avoid looking stupid**, she did not ask me her question. 목적
  어리석게 보이는 것을 피하기 위해, 그녀는 내게 자신의 의문점을 묻지 않았다.

- Her son grew up **to be the greatest philosopher and politician**. 결과
  그녀의 아들은 자라서 가장 위대한 철학자이자 정치가가 되었다.

- She was surprised **to see a snake**. 원인
  그녀는 뱀을 보고 놀랐다.

- Sugar in medieval times was very expensive **to produce**. 정도
  중세 시대에 설탕은 생산하기에 매우 비쌌다.

- He must be mad **to do such an imprudent thing**. 판단
  그가 그런 무례한 짓을 하다니 미친 게 틀림없다.

어구
avoid 피하다
stupid 어리석은
surprised 놀란
grow up 자라다
philosophist 철학자
politician 정치인
medieval times 중세
produce 생산하다
such 그런, 그렇게
imprudent 무례한

어구
understand 이해하다
conflict 갈등
arise 생기다, 일어나다

UNIT 2 | to부정사의 의미상 주어

to부정사의 「의미상 주어」는 to부정사의 「동작 또는 상태의 주체」를 말한다.

❶ 의미상 주어를 따로 표시하지 않는 경우

(1) 원칙

to부정사의 의미상 주어가 따로 표시되어 있지 않을 때, 문장 안의 「주어」가 to부정사의 의미상 주어가 되는 것이 원칙이다. 그 외에 특정인이 아닌 「일반인」이 의미상 주어가 되거나 문장 안의 「목적어」 등이 의미상 주어가 될 수 있다.

(2) 예문

- She works hard **to pass the test**.
  그녀는 시험에 합격하기 위해 열심히 공부한다.

- It is easy **to understand the conflict** that arises between humans and nature.
  인간과 자연 사이에 생기는 갈등을 이해하는 것은 쉽다.

- I have a friend **to help me**.
  나는 나를 도와 줄 친구가 있다.

❷ 의미상 주어를 따로 표시하는 경우

> **어구**
> make a mistake 실수하다

(1) for 목적격 + to부정사

to부정사 바로 앞에 「for 목적격」을 쓰는 것을 원칙으로 한다.

· It is impossible for him to finish the work by tomorrow.
그가 내일까지 그 일을 끝내는 것은 불가능하다.

(2) of 목적격 + to부정사

사람의 성질 형용사가 있는 경우 「of 목적격」을 쓴다.
사람의 성질 형용사에는 careless(부주의한), kind(친절한), stupid(어리석은), wise(현명한) 등이 있다.

· It is stupid of her to make that mistake.
그녀가 그런 실수를 하다니 어리석다.

어구
seem to do ~하는 것 같다

UNIT 3 | to부정사의 시제와 태

❶ to부정사의 시제

(1) 형태 및 용법

동사와 to부정사가 「같은 시제」의 사실이라면 to부정사의 단순시제인 「to + 동사원형(R)」을 쓴다. 동사보다 to부정사가 「더 과거」의 사실이라면 to부정사의 완료시제인 「to + have p.p.」를 쓴다.

(2) 예문

- He seems to love her.
  그는 그녀를 사랑하는 것 같다.

- He seems to have loved her.
  그는 그녀를 사랑했던 것 같다.

❷ to부정사의 태

(1) 형태 및 용법

의미상 주어와 to부정사가 능동관계 즉 의미상 주어가 to부정사의 행위주체인 경우 to부정사의 능동태인 「to R」 또는 「to have p.p.」를 쓰고, 의미상 주어와 to부정사가 수동관계 즉 의미상 주어가 to부정사의 행위대상인 경우에는 to부정사의 수동태인 「to be p.p.」 또는 「to have been p.p.」를 쓴다.

(2) 예문

- He seems to love her.
  그가 그녀를 사랑하는 것 같다.

- He seems to have loved her.
  그가 그녀를 사랑했던 것 같다.

- He seems to be loved by her.
  그는 그녀에게 사랑을 받는 것 같다.

- He seems to have been loved by her.
  그는 그녀에게 사랑을 받았던 것 같다.

어구

useless 소용없는
drive under the influence 음주운전하다

UNIT 4 | 주요 부정사 표현

❶ 가목적어 「it」과 진짜목적어 「to부정사」

(1) 「가목적어 it」과 「to부정사」

5형식 문장에서 동사의 목적어에 「to부정사」가 오면 반드시 가목적어 「it」를 쓰고 진짜목적어인 「to부정사」를 목적보어 뒤에 두어야 한다.

(2) 예문

- I thought to fight with them useless. (X)
- I thought it useless to fight with them. (O)
  나는 그들과 싸우는 것을 소용없다고 생각했다.

- I found to drive under the influence stupid. (X)
- I found it stupid to drive under the influence. (O)
  나는 음주 운전하는 것을 어리석다고 생각했다.

❷ 「whether + to부정사」와 「의문사 + to부정사」

(1) whether + to부정사

「whether + to부정사」는 명사의 역할을 하며 「~할 지」의 의미로 쓰인다. 「if + to부정사」의 형태는 쓰지 않는다.

· The department will decide whether to initiate a criminal investigation.
그 부서가 범죄 수사를 시작할 것인지를 결정할 것이다.

(2) 의문사 + to부정사

「의문사 + to부정사」는 명사의 역할을 한다. what to do(무엇을 해야 할지), when to do(언제 해야 할지), how to do(어떻게 해야 할지, ~하는 법) 등으로 해석된다.

· She explained to them what to do in an emergency.
그녀는 비상시에 무엇을 해야 하는지를 그들에게 설명했다.

· Many people don't know how to drive in the snow.
많은 사람들이 눈길에서 운전하는 방법을 모른다.

어구

department 부서
decide 결정하다
initiate 시작하다
criminal investigation 범죄수사
explain 설명하다
emergency 비상, 응급

> **어구**
> hold 열다
> the day after tomorrow
> 모레
> succeed 성공하다

❸ 「be + to부정사」

(1) be to 용법

「주어 + be + to부정사」의 형태에서 주어와 to부정사가 동격이 아닌 경우에는 「예정, 의무, 의도, 가능, 운명」등으로 해석한다.

(2) 예문

· The final game **is to be held** the day after tomorrow.
  결승전은 모레 열릴 예정이다.

· If you **are to succeed** in life, you must work hard.
  인생에서 성공하려면, 당신은 열심히 일해야 한다.

❹ 「be + 형용사 + to부정사」 관용표현

(1) 종류 및 의미

- 「be able to부정사」　　　　　～할 수 있다
- 「be certain to부정사」　　　　틀림없이 ～할 것이다
- 「be likely to부정사」　　　　 ～할 것 같다, ～할 가능성이 있다
- 「be willing to부정사」　　　　기꺼이 ～하다

(2) 예문

- While waiting for help to arrive, you are able to save someone's life.
  구조가 도착하기를 기다리는 동안, 당신은 누군가의 생명을 구할 수 있다.

- The project is not likely to affect the endangered species.
  그 프로젝트는 멸종위기의 종에 영향을 미칠 것 같지 않다.

어구

while ～동안
help 도움, 구조
arrive 도착하다
be able to do ～할 수 있다
save 구하다
life 생명, 생활
affect 영향을 주다
endangered 멸종위기의
species 종

> **어구**
> fancy 멋진, 고급의, 화려한
> tough 어려운

❺ 「too - to부정사」구문

(1) 의미

「too ~ to부정사」는 「너무 ~해서 ~할 수 없다」라는 의미로 해석된다.

(2) 예문

- The fancy bike was too expensive for me **to buy**.
  그 멋진 자전거는 너무 비싸서 내가 살 수 없었다.

- The math question was **too** tough for the student **to answer**.
  그 수학문제는 너무 어려워서 그 학생이 대답할 수 없었다.

❻ 「to부정사」부정

어구
set the temperature 온도를 설정하다
write down 적어놓다
address 주소, 연설하다
forget 잊다

(1) 「to부정사」부정

「to부정사」의 의미를 부정할 때에는 to 앞에 「not」을 쓴다.

(2) 예문

- It is important **not to set** the temperature too high.
  온도를 너무 높게 설정하지 않는 것이 중요하다.

- I wrote down her address **in order not to forget** it.
  나는 잊지 않으려고 그녀의 주소를 적어 놓았다.

> **어구**
> answer a letter 편지에 답장을 보내다
> need to do ~할 필요가 있다
> get up 일어나다
> leave 떠나다
> hostess 여주인
> beg 간청하다

7 대부정사

(1) 대부정사

to부정사에서 반복되는 부분을 생략하고 「to」만 남기는 것을 대부정사라고 한다.

(2) 예문

· You may answer this letter if you need to.
 네가 할 필요하다면 이 편지에 답장을 써도 좋다.

· The guests got up to leave, but their hostess begged them not to.
 손님들이 떠나려고 일어났지만, 여주인이 그들에게 떠나지 말 것을 간청했다.

MEMO

CHAPTER 09 동명사

친절한영어 기본을 완성하는 문법

- UNIT 1 동명사 기초
- UNIT 2 동명사의 의미상 주어
- UNIT 3 동명사의 시제와 태
- UNIT 4 동명사와 to부정사
- UNIT 5 주요 동명사 표현

어구

predict 예측하다
natural disaster 자연재해
imprecise 부정확한
swallow 삼키다
cause 야기하다
serious 심각한
injury 부상

UNIT 1 | 동명사 기초

동명사는 「동사원형ing ~」의 형태로, 문장에서 명사가 하는 역할 즉 「주어」, 「목적어」, 「주격보어」로 사용될 수 있다. 그리고 일반적으로 「~하는 것」으로 해석된다.

① 주어

(1) 주어 자리

「주어」자리에는 동사가 올 수 없으며, 명사의 역할을 하는 「동명사」가 올 수 있다.

(2) 예문

- **Predict natural disasters** is an imprecise science. (X)
- **Predicting natural disasters** is an imprecise science. (O)
  자연재해를 예측하는 것은 부정확한 과학이다.

- **Swallow a wrong thing** can cause a serious injury to your children. (X)
- **Swallowing a wrong thing** can cause a serious injury to your children. (O)
  잘못된 물건을 삼키는 것은 당신의 아이들에게 심각을 부상을 야기할 수 있다.

❷ 목적어

(1) 타동사의 목적어 자리

타동사의 「목적어」자리에 명사의 역할을 하는 「to부정사」 또는 「동명사」가 올 수 있다. 일정한 타동사의 목적어에는 「동명사」가 온다.
동명사를 목적어로 취하는 동사의 구별은 「동명사 Unit 4」에서 다룬다.

· They should practice playing the guitar whenever they can.
그들은 할 수 있을 때마다 기타치기를 연습해야 한다.

(2) 전치사의 목적어 자리

전치사의 「목적어」자리에는 동사가 올 수 없으며, 명사의 역할을 하는 「동명사」가 올 수 있다. 원칙적으로 「to부정사」는 전치사의 목적어 자리에 오지 못한다.

· Technology will play a key role in shaping future lifestyles.
기술은 미래의 생활방식을 형성하는 데 중요한 역할을 할 것이다.

❸ 주격보어

(1) 주격보어 자리

주어를 보충하는 동격보어로서 「be 동사」 다음에 「동명사」가 올 수 있다.

(2) 예문

· The most important thing is sowing the good seed.
가장 중요한 일은 좋은 씨를 뿌리는 것이다.

어구

practice 연습하다
whenever ~할 때마다
play a key role in ~에 중요한 역할을 하다
shape 형성하다
lifestyle 생활방식
sow 뿌리다
seed 씨, 씨앗

> **어구**
> be interested in ~에 관심이 있다
> share 함께 쓰다, 공유하다
> lake 호수
> dangerous 위험한
> punish 처벌하다
> tell a lie 거짓말하다

UNIT 2 | 동명사의 의미상 주어

동명사의 「의미상 주어」는 동명사의 「동작 또는 상태의 주체」를 말한다.

❶ 의미상 주어를 따로 표시하지 않는 경우

(1) 원칙과 예외

동명사의 의미상 주어가 따로 표시되어 있지 않을 때, 문장 안의 「주어」가 동명사의 의미상 주어가 되는 것이 원칙이다. 그 외에 특정인이 아닌 「일반인」이 의미상 주어가 되거나 문장 안의 「목적어」 등이 의미상 주어가 될 수 있다.

(2) 예문

- She is interested in *sharing a room* with her friend.
  그녀는 방을 자신의 친구와 함께 쓰는 것에 관심이 있다.

- *Swimming in the lake* is very dangerous.
  그 호수에서 수영하는 것은 매우 위험하다.

- His father punished him for *telling a lie*.
  그의 아버지는 거짓말을 한 것 때문에 그를 벌주었다.

❷ 의미상 주어를 따로 표시하는 경우

(1) 「인칭대명사 또는 사람명사」가 의미상 주어인 경우 원칙적으로 「소유격」으로 표시한다.

- Your speaking angrily frightened her away.
  네가 화내며 말한 것이 그녀를 겁을 주어 쫓아냈다.

(2) 「무생물명사 또는 부정대명사」가 의미상 주어인 경우 원칙적으로 「목적격」으로 표시한다.

- They were glad of the war being over.
  그들은 전쟁이 끝나서 기뻤다.

(3) 「There + being + 명사 주어」

동명사 being이 「있다」라는 의미로 쓰이고 being 다음에 명사 주어가 있을 경우 동명사 의미상 주어는 「there」를 쓴다.

- I never dreamed of there being a river in the deep forest.
  나는 그 깊은 숲속에 강이 있다는 것을 결코 꿈에도 생각하지 않았다.

어구

angrily 화를 내며
frighten away ~를 겁주어 쫓아내다
glad 기쁜
dream of ~을 꿈꾸다, 생각하다
forest 숲

> **어구**
> be ashamed of ~을 부끄러워하다

UNIT 3 | 동명사의 의미상 주어

❶ 동명사의 시제

(1) 형태 및 용법

동사와 동명사가 「같은 시제」의 사실이라면 동명사의 단순시제인 「~ing」을 쓴다. 동사보다 동명사가 「더 과거」의 사실이라면 동명사의 완료시제인 「having p.p.」를 쓴다.

(2) 예문

· He is ashamed of **loving** her.
  그는 그녀를 사랑하는 것을 부끄러워한다.

· He is ashamed of **having loved** her.
  그는 그녀를 사랑했던 것을 부끄러워한다.

❷ 동명사의 태

(1) 형태 및 용법

의미상 주어와 동명사가 능동관계, 즉 의미상 주어가 동명사의 행위주체인 경우에는 동명사의 능동태인 「~ing」 또는 「having p.p.」를 쓰고, 의미상 주어와 동명사가 수동관계, 즉 의미상 주어가 동명사의 행위대상인 경우에는 동명사의 수동태인 「being p.p.」 또는 「having been p.p.」를 쓴다.

(2) 예문

- He is ashamed of loving her.
  그는 그녀를 사랑하는 것을 부끄러워한다.

- He is ashamed of having loved her.
  그는 그녀를 사랑했던 것을 부끄러워한다.

- He is ashamed of being loved by her.
  그는 그녀에게 사랑받는 것을 부끄러워한다.

- He is ashamed of having been loved by her.
  그는 그녀에게 사랑받았던 것을 부끄러워한다.

어구
apply 지원하다, 적용하다
get ~하게 하다
start 시동을 걸다, 출발시키다

UNIT 4 | 동명사와 to부정사

❶ 타동사의 목적어로서 동명사와 to부정사

(1) 「동명사」를 목적어로 취하는 동사

- enjoy(즐기다), mind(꺼리다), appreciate(감사하다)
- avoid(피하다), suggest(제안하다), finish(끝내다)
- quit(그만두다), practice(연습하다), consider(고려하다) 등

(2) 「to부정사」를 목적어로 취하는 동사

- fail(실패하다), manage(용케 해내다), refuse(거절하다)
- plan(계획하다), expect(기대하다), decide(결정하다)
- afford(여유가 있다), hope(바라다), seek(추구하다) 등

(3) 예문

- Yusoo is considering to apply for the company. (X)
- Yusoo is considering applying for the company. (O)
  유수는 그 회사에 지원하는 것을 고려하고 있다.

- I managed getting my car started. (X)
- I managed to get my car started. (O)
  나는 마침내, 용케 내 차를 출발시켰다.

❷ 동사 다음 「동명사 또는 to부정사」가 올 때 의미 차이

어구
put 놓다, 두다
find 찾다, 알다, 생각하다

(1) 의미 차이를 가지는 동사

- 「stop + ~ing」   ~를 멈추다
  「stop + to부정사」   ~하려고 멈추다

- 「try + ~ing」   ~를 시도하다
  「try + to부정사」   ~하려고 하다

- 「forget + ~ing」   ~한 것을 잊다
  「forget + to부정사」   ~할 것을 잊다

- 「remember + ~ing」   ~한 것을 기억하다
  「remember + to부정사」   ~할 것을 기억하다

- 「regret + ~ing」   ~한 것을 후회하다
  「regret + to부정사」   ~하려니 유감스럽다

(2) 예문

- If you don't want to die, you should stop to smoke. (X)
- If you don't want to die, you should stop smoking. (O)
  죽고 싶지 않다면, 당신은 금연해야 합니다.

- I remember to put my book here but can't find one. (X)
- I remember putting my book here but can't find one. (O)
  내가 책을 여기에 둔 것을 기억나는 데 찾을 수가 없다.

어구

fire department 소방서
save 구하다
life 생명
peril 위험

UNIT 5 | 주요 동명사 표현

❶ 전치사 to의 목적어 자리

(1) 「전치사 to」의 목적어 자리에 「명사 또는 동명사」가 와야 한다.

- 「look forward to」　　　　～를 기대하다
- 「object to」　　　　　　　～를 반대하다
- 「be dedicated to」　　　　～에 전념하다
- 「contribute to」　　　　　～에 기여하다
- 「lead to」　　　　　　　　～에 이르다, ～를 초래하다
- 「when it comes to」　　　～에 관해서

(2) 예문

- They are looking forward to meet the President. (X)
- They are looking forward to meeting the President. (O)
  그들은 대통령을 만나기를 고대하고 있다.

- Fire departments are dedicated to save lives from the perils of fire. (X)
- Fire departments are dedicated to saving lives from the perils of fire. (O)
  소방서는 화재의 위험으로부터 생명을 구하는 것에 전념한다.

❷ 동명사 관용표현

(1) 동명사 주요 관용표현

·「There is no ~ing」	~할 수 없다
·「It is no use ~ing」	~해도 소용없다
·「be busy ~ing」	~하느라 바쁘다
·「be better off ~ing」	~하는 편이 더 낫다
·「be on the verge of ~ing」	막 ~하려 하다
·「be worth ~ing」	~의 가치가 있다
·「never ~ without ~ing」	~할 때마다 늘 ~하다
·「nearly escape (from) ~ing」	거의 ~할 뻔하다
·「have difficulty ~ing」	~하는데 어려움을 겪다
·「spend + 시간 + ~ing」	~하면서 시간을 보내다
·「by + ~ing」	~함으로써
·「in + ~ing」	~할 때, ~하는 데 있어
·「on + ~ing」	~하자마자

> **어구**
> try to do ~하려고 하다
> deceive 속이다
> leave 떠나다
> resort 휴양지

(2) 예문

· It is no use to try to deceive me. (X)
· It is no use trying to deceive me. (O)
  나를 속이려고 아무리 노력해도 소용없다.

· They were on the verge to leave the summer resort. (X)
· They were on the verge of leaving the summer resort. (O)
  그들은 여름휴양지 막 떠나려했다.

친절한영어 기본을 완성하는 문법

분사

CHAPTER 10

- UNIT 1 분사 기초
- UNIT 2 분사의 형용사 역할
- UNIT 3 분사구문과 의미상 주어
- UNIT 4 분사구문의 시제와 태
- UNIT 5 주요 분사구문 표현

UNIT 1 | 분사 기초

❶ 분사의 종류

원형	과거형	현재분사 / 과거분사
excite(흥분시키다)	excite	exciting / excited
sleep(잠자다)	slept	sleeping / slept
write(쓰다)	wrote	writing / written

(1) 현재분사

동사의 3단 변화에서 세 번째 것으로 「~ing」의 형태를 현재분사라고 한다.
위에서 exciting, sleeping, writing이 현재분사에 해당한다.

(2) 과거분사

동사의 3단 변화에서 세 번째 것으로 「~ing」외의 다른 형태를 과거분사라고 한다.
「p.p.」라고 표시하며, 위에서 excited, slept, written이 과거분사에 해당한다.

❷ 분사의 동사 역할

(1) 분사는 단독으로는 동사의 자리에 오지 못한다.

· The man writing a letter. (X)
· A letter written a letter. (X)

(2) 분사가 동사로 쓰이는 경우

동사의 시제와 태에서 공부한 내용으로 간략하게 복습하면 아래와 같다.

① 동사의 진행형시제

「be 동사 + 현재분사」를 쓴다.

· The man is writing a letter.
그 남자는 편지를 쓰고 있는 중이다.

② 동사의 완료시제

「have/has + p.p.」「had + p.p.」「will have + p.p.」를 쓴다.

· The man has written a letter.
그 남자가 편지를 썼다.

③ 동사의 수동태

「be + p.p.」를 쓴다.

· A letter is written by him.
편지가 그에 의해 쓰여 진다.

③ 분사의 형용사 역할

(1) 현재분사와 과거분사의 구별

현재분사는 「~하는, ~하게 하는, ~하게 만드는」이라는 「능동」의 의미를 가진다.
과거분사는 「~된, ~하여진, ~당한」이라는 「수동」의 의미를 가진다.

- exciting 흥분하게 만드는
- excited 흥분된

(2) 명사 수식

분사는 「형용사」역할을 가지며 명사를 수식할 수 있다. 수식받는 명사와 분사가 능동관계, 즉 명사가 분사의 행위주체인 경우에는 「현재분사」를 쓰며, 수식받는 명사와 분사가 수동관계, 즉 명사가 행위대상인 경우에는 「과거분사」를 쓴다.

- the exciting game 흥분하게 만드는 경기
- the excited crowd 흥분된 관중

UNIT 2 | 분사의 형용사 역할

어구
flow 흐르다
watch 보다
dead body 시체
murder 살해하다

❶ 명사 앞 수식

(1) **명사 앞 수식**

분사가 단독으로 명사를 꾸밀 때에는 일반적으로「명사 앞」에서 수식한다.

(2) **자동사에서 나온 분사의 경우**

수식받는 명사와 분사는 원칙적으로 능동관계가 되며「현재분사」의 형태로 명사를 수식한다.

· The sleeping baby is my sister.
  잠자고 있는 그 아기는 나의 여동생이다.

· I can hear the sound of flowing water.
  나는 흐르는 물의 소리를 들을 수 있다.

(3) **타동사에서 나온 분사의 경우**

명사와 분사가 능동관계 즉 명사가 분사의 행위주체인 경우에는「현재분사」를 쓰며, 명사와 분사가 수동관계 즉 명사가 분사의 행위대상인 경우에는「과거분사」를 쓴다.

· We watched an exciting game.
  우리는 흥미진진한(흥분하게 만드는) 경기를 보았다.

· Where is the dead body of the murdered man?
  그 살해당한 사람의 시체는 어디 있느냐?

어구
for ~행의, ~로 가는 praise 칭찬하다 film 영화 destroy 파괴하다, 파손하다 rare 희귀한 first edition 초판

❷ 명사 뒤 수식

(1) 명사 뒤 수식

분사가 수식어, 보어, 목적어 등을 수반할 때에는 「명사 뒤」에서 수식한다.

(2) 자동사에서 나온 분사의 경우

수식받는 명사와 분사는 원칙적으로 능동관계가 되며 「현재분사」의 형태로 명사를 수식한다.

· The train **standing at platform 1** is for Leeds.
1번 플랫폼에 서 있는 기차는 리즈행입니다.

· David Brown is a 24-year-old man **living in London**.
데이비드 브라운은 런던에 살고 있는 24세 남성이다.

(3) 타동사에서 나온 분사의 경우

명사와 분사가 능동관계 즉 명사가 분사의 행위주체인 경우에는 「현재분사」를 쓰며, 분사 다음에 「목적어」가 있다. 명사와 분사가 수동관계 즉 명사가 분사의 행위대상인 경우에는 「과거분사」를 쓰며, 분사 다음에 「목적어」가 없는 것이 일반적이다.

· He sent Leone a letter **praising the Italian's film**.
그는 Leone에게 그 이탈리아 영화를 칭찬하는 편지를 보냈다.

· The books **destroyed in the fire** were all rare first editions.
그 화재에서 파손된 책들은 모두 희귀한 초판이었다.

❸ 주격보어

어구
bore 지루하게 하다

(1) 주격보어 자리

분사는 「형용사」 역할을 하며 「주격보어」 자리에 와서 주어를 보충 설명할 수 있다.

주어와 분사가 능동관계 즉 주어가 분사의 행위주체일 때 「현재분사」를 쓰며, 주어와 분사가 수동관계 즉 주어가 분사의 행위대상일 때 「과거분사」를 쓴다.

(2) 예문

- The movie is very boring.
  그 영화는 매우 지루하다.

- The man looks bored.
  그 남자는 지루해 보인다.

> **어구**
> find 발견하다, 알다, 생각하다
> speech 연설
> leave ~을 ~되게 하다

❹ 목적보어

(1) 목적보어 자리

분사는 「형용사」역할을 하며 「목적보어」자리에 와서 목적어를 보충 설명할 수 있다.

목적어와 분사가 능동관계 즉 목적어가 분사의 행위주체일 때 「현재분사」를 쓰며, 목적어와 분사가 수동관계 즉 목적어가 분사의 행위대상일 때 「과거분사」를 쓴다.

(2) 예문

- They found his speech boring.
  그들은 그의 연설을 지루하다고 생각했다.

- His speech left them bored.
  그의 연설은 그들을 지루해지게 했다.

UNIT 3 | 분사구문과 의미상 주어

어구
along ~을 따라
path 길
by chance 우연히
bore 지루하게 하다
tedious 따분한, 지루한
speech 연설
audience 청중
drift away 가버리다
fast-spreading 빠르게 퍼지는
erupt 분출하다, 발발하다
fill 채우다
stair 계단

❶ 분사구문의 형태와 의미

(1) 분사구문의 형태

① 현재분사 또는 과거분사 ~ , 주어 + 동사 ~

② 주어, 현재분사 또는 과거분사 ~ , 동사 ~

③ 주어 + 동사 ~ , 현재분사 또는 과거분사 ~

(2) 분사구문의 의미

분사구문이 주어 앞에 있거나, 주어와 동사 사이에 있으면, 분사구문은 때(~할 때, ~하다가, ~하면서), 이유(~때문에), 조건(~하면), 양보(~일지라도) 등으로 해석한다. 이 경우 일반적으로 분사구문은 주어의 상황을 말하므로, 주어를 수식하듯이 해석해도 자연스럽다. 분사구문이 문장 끝에 나오면 동시동작(~하면서), 연속동작(그리고 ~하다), 결과(그래서 ~하다, 그런데 ~하다) 등으로 해석한다.

- **Walking along the path**, I met her by chance.
  길을 따라 걷다가, 나는 우연히 그녀를 만났다.

- **Bored by the tedious speech**, the people in the audience drifted away.
  따분한 연설에 지루해져서, 청중 속의 사람들이 가버렸다.

- A fast-spreading fire erupted, **filling the stairs with heat and smoke**.
  빠르게 퍼지는 불이 발발했고, 계단을 열과 연기로 채웠다.

어구
find 발견하다, 알다, 생각하다
missing 없어진
considering ~을 고려하면
military 군의, 군용의
crash 충돌하다
be aboard 탑승하고 있다

❷ 분사구문의 의미상 주어

(1) 의미상 주어를 따로 표시하지 않는 경우

① 원칙과 예외

분사구문이 문장 앞에 오거나 주어와 동사 사이에 올 때, 의미상 주어가 따로 표시되어 있지 않으면, 「주어」가 의미상 주어가 되는 것이 원칙이며, 그 외에 특정인이 아닌 「일반인」이 의미상 주어가 될 수 있다.

분사구문이 문장 끝에 오고 의미상 주어가 따로 표시되어 있지 않으면, 앞에 있는 「주어」, 「목적어」, 「보어」, 「앞 문장 전체」 또는 「일반인」 등이 의미상 주어가 된다.

② 예문

· **Returning to my apartment**, I found my watch missing.
아파트로 돌아왔을 때, 나는 시계가 없어졌음을 알았다.

· **Considering his age**, he looks young.
그의 나이를 고려하면, 그는 젊어 보인다.

· A military helicopter has crashed, **killing all** who were aboard.
군용 헬리콥터 한 대가 추락했고, 탑승자 전원이 사망했다

(2) 의미상 주어를 표시하는 경우

① 분사구문의 의미상 주어는 「주격」의 형태로 표시한다.
동사의 「주어」를 쓸 때와 동일하게 주격으로 쓴다.

- The dinner being ready, we moved to the dining hall.
  식사가 준비됐을 때, 우리는 식당으로 이동했다.

- He was watching the news on TV, his wife reviewing a report.
  그는 TV로 뉴스를 보고 있었고, 그의 아내는 보고서를 검토하고 있었다.

어구

ready 준비된
dining hall 식당
review 검토하다

어구

boil 끓이다
have tea 차를 마시다
evidence 증거
against ~에 불리한
release 석방하다

② 「It + being + 날씨 등」

being 다음에 날씨 등이 오는 경우, 의미상 주어는 비 인칭 주어 「it」을 쓴다.

- It **being cold outside**, I boiled some water to have tea.
  바깥 날씨가 추웠기 때문에, 나는 차를 마시려 물을 끓였다.

③ 「There + being + 명사 주어」

being이 「있다」라는 의미로 쓰이고 being 다음에 명사 주어가 있을 경우, 분사구문의 의미상 주어는 「there」를 쓴다.

- There **being no evidence** against him, he was released.
  불리한 증거가 없어서 그는 석방되었다.

UNIT 4 | 분사구문과 의미상 주어

> **어구**
> report 보고서
> a cup of 한 잔의
> go out of ~에서 나가다

❶ 분사구문의 시제

(1) 분사구문의 시제

동사와 분사구문이 「같은 시제」의 사실이라면 분사구문의 단순시제인 「~ing」를 쓴다. 동사보다 분사구문이 「더 과거」의 사실이라면 분사구문의 완료시제인 「having p.p.」를 쓴다.

(2) 예문

- **Writing** the report, she drank a cup of coffee.
  보고서를 쓰는 동안, 그녀는 커피 한 잔을 마셨다.

- **Having written** the report, she went out of the office.
  보고서를 쓴 후, 그녀는 사무실 밖으로 나갔다.

> **어구**
> in haste 급히
> error 오류

❷ 분사구문의 태

(1) 형태 및 용법

의미상 주어와 분사구문이 능동관계 즉 의미상 주어가 분사의 행위주체인 경우에는 분사구문의 능동태인 「~ing」 또는 「having p.p.」를 쓰고, 의미상 주어와 분사구문이 수동관계 즉 의미상 주어가 분사의 행위대상인 경우에는 분사구문의 수동태인 「being p.p.」 또는 「having been p.p.」를 쓴다. 이 때 「being」, 「having been」은 생략할 수 있으므로 「p.p.」를 쓰는 경우가 많다.

(2) 예문

· Writing the report, she drank a cup of coffee.
  보고서를 쓰면서, 그녀는 커피 한 잔을 마셨다.

· Having written the report, she went out of the office.
  보고서를 쓴 후, 그녀는 사무실 밖으로 나갔다.

· Written in haste, the report has many errors.
  급히 쓰여 졌기 때문에, 그 보고서는 많은 오류가 있다.

UNIT 5 | 주요 분사 표현

어구
while ~동안
wisely 현명하게
leisure 여가
promote 증진하다
efficiency 효율성

❶ 「접속사 + 분사구문」

(1) 의의

분사구문의 뜻을 분명하게 해주기 위해 분사구문 앞에 「부사절 접속사」를 쓸 수 있다.

(2) 예문

· While working at a hospital, she saw her first air show.
병원에서 일을 하는 동안, 그녀는 자신의 첫 번째 에어쇼를 보았다.

· If used wisely, leisure promotes health, efficiency and happiness.
현명하게 사용되어진다면, 여가는 건강, 효율성, 행복을 증진시킨다.

❷ 「with + 목적어 + 분사구문」

(1) 의의

동시상황을 묘사하는 표현으로 「with + 목적어 + 현재분사 / 과거분사 / 형용사 / 부사(구)」를 쓴다. 여기서 목적어는 분사의 「의미상 주어」가 된다.

(2) 예문

- **With sunshine streaming** through the window, Hugh found it impossible to sleep.
  햇빛이 창문을 통해 비쳐서, Hugh는 잠자는 것이 불가능하다고 생각했다.

- He was sitting alone **with his arms folded**.
  그는 팔짱을 낀 채 혼자 앉아 있었다.

- **With many people ill**, the meeting was cancelled.
  많은 사람들이 아파서 회의가 취소되었다.

- He walked straight into the water **with all of his clothes on**.
  그는 옷을 모두 입은 채 물속으로 곧장 걸어갔다.

어구
stream 비치다, 흐르다
through ~을 통해
find 알다, 생각하다, 발견하다
lie 눕다
straw mat 멍석
ill 아픈
cancel 취소하다
straight 곧장
on 입고 있는

MEMO

접속사와 문장의 확장

친절한영어 기본을 완성하는 문법

Chapter 01   문법의 기본구조
Chapter 02   동사의 수
Chapter 03   동사의 시제
Chapter 04   동사의 종류
Chapter 05   동사의 태
Chapter 06   조동사
Chapter 07   가정법
Chapter 08   to부정사
Chapter 09   동명사
Chapter 10   분사
Chapter 11   등위접속사와 병치
Chapter 12   명사절 접속사
Chapter 13   관계사
Chapter 14   부사절 접속사
Chapter 15   비교 구문
Chapter 16   도치 구문과 강조 구문
Chapter 17   명사, 관사, 대명사
Chapter 18   형용사, 부사, 전치사

www.modoogong.com | www.modoofire.com

CHAPTER 11

친절한영어 기본을 완성하는 문법

등위접속사와 병치

- UNIT 1 등위접속사 기초
- UNIT 2 등위접속사와 병치

어구
chess match 체스시합
control 통제하다, 관리하다
process 과정
improvement 개선, 발전
objective 목표, 객관적인

UNIT 1 | 등위접속사 기초

❶ 등위접속사의 역할

(1) 등위접속사의 역할

단어와 단어, 구와 구, 절과 절을 대등하게 연결해 주는 역할을 한다.

① 단어와 단어
- Ryan and I are having a chess match today.
  Ryan과 나는 오늘 체스 시합을 할 거다.

② 구와 구
- To control the process and to make improvement was my objectives.
  과정을 관리하고 발전시키는 것이 나의 목표였다.

③ 절과 절
- He painted the wall and she cleaned the room.
  그는 벽에 페인트를 칠했고 그녀는 방을 청소했다.

(2) **등위접속사로 연결된 「구」와 「절」에서의 생략**

등위접속사 「and」, 「but」, 「or」로 연결된 「구」와 「절」에서 중복된 단어는 생략할 수 있다.

- My mother likes to sew and (to) cook.
  나의 어머니는 바느질 하는 것과 요리하는 것을 좋아하신다.

- He voted for the change and (he) expected his colleagues to do likewise.
  그는 변화에 찬성하는 표를 던졌고, 자신의 동료들도 똑같이 할 것으로 예상했다.

- Some people went to the beach and others (went) to the mountain.
  어떤 사람들은 해변으로 갔고, 다른 사람들은 산으로 갔다.

어구

sew 바느질하다
vote for ~에 찬성투표하다
expect 예상하다
colleague 동료
likewise 똑같이, 마찬가지로
others 다른 사람들, 다른 것들

어구

miss 빼먹다, 놓치다
fail 낙제하다, 실패하다
in the past 과거에는
get into shape 건강을 유지하다
sign 서명하다
valid 유효한

❷ 등위접속사의 종류

(1) 등위접속사의 종류

등위접속사에는 「and(~와, 그리고, 그러면)」, 「but(하지만)」, 「or(또는, 즉, 그렇지 않으면)」, 「nor(그리고 ~도 아니다)」, 「so(그래서)」, 「for(왜냐하면 ~이니까)」 등이 있다.

(2) 예문

· Miss another class **and** you'll fail.
  수업 한 번만 더 빠지면 너는 낙제할 거야.

· Bob never exercised in the past, **but** wanted to get into shape.
  밥은 과거에 결코 운동을 하지는 않았지만, 건강을 유지하기를 원했다.

· Please sign here, **or** it is not valid.
  여기에 서명하세요, 그렇지 않으면 그것은 유효하지 않습니다.

- I haven't seen him since, **nor** do I want to see him again.
  나는 그 이후로 그를 보지 않았고, 다시 보기를 원하지도 않는다.

- John was hungry, **so** he stopped at a fast-food restaurant.
  존은 배가 고팠다. 그래서 패스트푸드 식당에 멈췄다.

- We listened eagerly, **for** he brought news of our families.
  우리는 열심히 귀를 기울였다. 왜냐하면 그가 우리 가족의 소식을 가져왔으니까.

> **어구**
> since 그 이후로
> eagerly 열심히
> bring 가져오다

어구
physician 의사
face 직면하다
the aged 노인들

UNIT 2 | 등위접속사와 병치

❶ 등위접속사와 병치

(1) 의의

두 개 이상의 단어, 구, 절이 등위접속사 「and, but, or」로 연결될 때, 문장의 「같은 성분」이 연결되어야 한다. 즉 「주어와 주어」, 「동사와 동사」, 「주격보어와 주격보어」, 「목적어와 목적어」, 「목적보어와 목적보어」, 「형용사적 수식어와 형용사적 수식어」, 「부사적 수식어와 부사적 수식어」로 연결되어야 한다. 그리고 「같은 품사」와 「같은 구조」로 연결되어야 하는데, 이를 병치라고 한다.

(2) 형태

두 개의 단어, 구, 절 등이 「A and B」, 「A but B」, 「A or B」의 형태로 연결된 경우 A, B는 같은 성분, 같은 품사, 같은 구조로 연결되어야 한다.

세 개의 단어, 구, 절 등이 「A, B, and C」, 「A, B, but C」, 「A, B, or C」의 형태로 연결된 경우 A, B, C는 같은 성분, 같은 품사, 같은 구조로 연결되어야 한다.

(3) 같은 품사 병치

① 「명사」의 병치

명사의 병치에서는 내용상의 병치도 고려해야 한다.

· Physicians and sciences face the problem of the aged. (X)
· Physicians and scientists face the problem of the aged. (O)
  의사들과 과학자들은 노인문제에 직면해 있다.

② 「동사」의 병치

동사의 병치에서는 수, 시제, 태 등을 함께 고려해야 한다.
반복되는 조동사 등은 생략한다.

- Each color has different qualities associated with it and affects our moods and feelings.
  각각의 색깔은 그것과 관련된 다른 특성들을 가지고 있으며, 우리의 기분과 감정에 영향을 준다.

- Digital maps can be instantly distributed and shared via the Internet.
  디지털 지도는 인터넷을 통해 즉시 배포될 수 있고 공유될 수 있다.

③ 「형용사」의 병치

- German shepherd dogs are smart, alert, and loyal.
  독일 셰퍼드 개들은 영리하고 민첩하고 충성스럽다.

④ 「부사」의 병치

- He filled out the form accurately and carefully.
  그는 양식을 정확하고 조심스럽게 작성했다.

어구

quality 특성, 질
associated with ~와 관련된
affect ~에 영향을 미치다
mood 기분, 분위기
instantly 즉시
distribute 배포하다
share 공유하다
via ~를 통해
smart 영리한
alert 민첩한
loyal 충성스러운
fill out 작성하다
form 양식
accurately 정확하게

> **어구**
>
> summer job 여름 아르바이트
> be seen as ~로 여겨지다
> work experience 경력, 일의 경험
> earn money 돈을 벌다
> worry 걱정하다
> reserve 예약하다

(4) **부정사와 동명사 병치**

① 의의

to부정사는 to부정사끼리, 동명사는 동명사끼리 병치된다.

② 예문

- Summer jobs are seen as good ways **to get** work experience and **(to) earn** some money.
  여름 아르바이트들은 일의 경험을 얻고, 약간의 돈을 벌기 위한 좋은 방법으로 여겨진다.

- You needn't worry about **changing** dollars to pounds or **reserving** a hotel.
  당신은 달러를 파운드로 바꾸거나 호텔을 예약하는 것에 대하여 걱정할 필요가 없다.

(5) **절의 병치**

① 의의

명사절은 명사절끼리, 형용사절은 형용사절끼리, 부사절은 부사절끼리 병치된다.

② 예문

- I was eager to tell him tales about where I had been and what I had done.

  나는 그에게 내가 어디에 있었는지 그리고 내가 무엇을 했는지에 대한 이야기를 간절히 말하고 싶었다.

- Creativity is thinking in ways that lead to original solutions to problems or that generate new ideas of artistic expression.

  창의성이란 문제에 대한 독창적인 해결책으로 이어지거나 예술적 표현의 새로운 아이디어를 만들어내는 방식으로 사고하는 것이다.

어구

be eager to do 간절히 ~하고 싶어 하다
tale 이야기
creativity 창의성
lead to ~로 이어지다, 초래하다
original 독창적인
solution 해결책
generate 만들어내다
artistic 예술적인
expression 표현

> **어구**
> employee 직원
> option 선택권
> exchange 교환하다
> volunteer 자원봉사자
> be paid 보수를 받다
> worthless 가치가 없는
> priceless 매우 귀중한

❷ 등위상관접속사와 병치

(1) 등위상관접속사의 종류

등위상관접속사에는 「both A and B(A와 B 둘 다)」, 「either A or B(A 또는 B)」, 「neither A nor B(A도 B도 아닌)」, 「not A but B(A가 아니라 B)」, 「not only A but also B(A뿐 아니라 B도 역시)」, 「A as well as B(B뿐 아니라 A도 역시)」 등이 있다.

(2) 등위상관접속사와 병치

등위상관접속사가 연결하는 A와 B는 「같은 품사」와 「같은 구조」로 연결되어야 한다.

- Michael enjoyed learning both Japanese and Chinese.
  마이클은 일본어와 중국어 둘 다 배우는 것을 즐겼다.

- Employees have the option of either using their vacation packages or exchanging them for a special bonus at the end of the year.
  직원들은 자신의 휴가 패키지를 사용하든 그것들을 연말에 특별 보너스로 교환하든 선택권을 가지고 있다.

- Volunteers aren't paid, not because they are worthless, but because they are priceless.
  자원봉사자들은 그들이 가치가 없기 때문이 아니라 매우 귀중하기 때문에 보수를 받지 않는다.

MEMO

친절한영어 기본을 완성하는 문법

CHAPTER 12 명사절 접속사

- UNIT 1 명사절 기초
- UNIT 2 that절과 what절
- UNIT 3 whether절과 의문사절
- UNIT 4 복합 관계사절

UNIT 1 | 명사절 기초

❶ 명사절의 의의

(1) 종속절

문장 속의 문장인 종속절은 명사절, 형용사절, 부사절로 나눌 수 있으며, 명사의 역할을 하는 것을 「명사절」, 명사를 수식하는 형용사의 역할을 하는 것을 「형용사절」, 그 외 수식어인 부사의 역할을 하는 것을 「부사절」이라고 한다.

(2) 명사절

보다 구체적으로, 명사절이란 문장 내에서 「주어」, 「목적어」, 「보어」, 「동격」 등의 역할을 하는 「절」을 말한다. 명사절은 「접속사 + 주어 + 동사 ~」의 형태로 구성되며 이러한 명사절을 이끄는 접속사를 「명사절 접속사」라고 한다.

❷ 명사절 접속사의 종류

(1) 명사절 접속사의 종류

명사절 접속사에는 that, 관계대명사 what, whether, 의문사, 복합관계사 등이 있다.

that	~것
관계대명사 what	~것
whether	~인지
의문사	who(누가) which(어느 것) what(무엇) when(언제) where(어디서) why(왜) how(어떻게) 등
복합관계사	whoever(누구든) whomever(누구든) whichever(어느 것이든) whatever(무엇이든) 등

어구

seat belt 안전벨트
prove 입증하다, 판명되다
in study after study 잇따른 연구에서
regret 후회하다
immature 미숙한, 철없던
sociologist 사회학자
disagree 의견이 다르다
dilemma 문제, 딜레마
politician 정치인
lesson 교훈, 가르침

(2) 예문

① 주어

· **That seat belts save lives** has been proven in study after study.
안전벨트가 생명을 구한다는 것은 잇따른 연구에서 입증되었다.

② 타동사의 목적어

· He regrets **what he did** when he was immature.
그는 철없던 때에 자신이 한 것을 후회한다.

③ 전치사의 목적어

· Sociologists disagree about **whether sociology is a science or not**.
사회학자들은 사회학이 과학인지 아닌지에 대해 의견이 다르다.

④ 보어

· The dilemma is **who can teach the politicians a lesson**.
문제는 누가 정치인들에게 교훈을 가르칠 수 있느냐 이다.

> **어구**
> appear ~하게 보이다
> horizon 수평선, 지평선
> merely 단지
> optical illusion 착시

UNIT 2 | that절과 what절

① 접속사 that

(1) 의의

that이 이끄는 명사절은 주어, 목적어, 보어, 동격의 역할을 한다.
「that + 주어 + 동사 ~」의 형태로 「주어가 ~하는 것」으로 해석하며, that 다음에 오는 「주어 + 동사 ~」는 빠진 것이 없는 「완전한 절」이 온다.

(2) 주어

「that절」이 주어 자리에 올 때, 「가주어 it」을 쓰고 진짜주어인 「that절」을 문장 뒤에 두는 것이 일반적이다.

- **That the moon appears larger at the horizon** is merely a optical illusion.
- **It** is merely a optical illusion **that the moon appears larger at the horizon**.
  달이 수평선에서 더 크게 보이는 것은 단지 착시일 뿐이다.

(3) 목적어

① 「타동사 + that 절」

「타동사」의 목적어로 쓰일 때, 접속사 that은 생략될 수 있다.

- A lot of evidence suggests (that) the ability to form a relationship begins in infancy.
  많은 증거는 관계를 형성하는 능력이 유아기에 시작된다는 것을 시사한다.

② 「be 형용사 + that절」

「be 형용사」의 목적어로 쓰일 때, 접속사 that은 생략될 수 있다.

- 「be sure that절」 ~을 확신하다
- 「be aware that절」 ~을 알고 있다
- 「be afraid that절」 ~해서 유감이다
- 「be glad that절」 ~해서 기쁘다

- I'm sure (that) she will pass the driving test.
  나는 그녀가 운전면허 시험을 합격할 것을 확신한다.

③ 전치사의 목적어

「that절」은 원칙적으로 전치사의 목적어 자리에 올 수 없다. 다만 「in that 절(~라는 점에서)」, 「except that절(~라는 것 외에는)」등은 관용표현으로 쓰인다.

- I'm lucky in that I've got four sisters.
  나는 네 자매가 있다는 점에서 운이 좋다.

어구

a lot of 많은
evidence 증거
suggest 시사하다, 제시하다
ability 능력
form 형성하다
relationship 관계
infancy 유아기

어구

big problem 심각한 문제
chance 기회, 우연
criminal 범인

(4) 보어

주어를 보충하는 주격보어로서 「be 동사」 다음에 「that절」이 올 수 있다.

· The big problem is **that I don't get many chances** to speak the language.
  심각한 문제는 내가 그 언어를 말할 많은 기회를 얻지 못한다는 것이다.

(5) 동격

일정한 개념명사 다음에 오는 접속사 that은 「동격 절」을 이끈다.

· fact that	~라는 사실
· rumor that	~라는 소문
· feeling that	~라는 느낌
· idea that	~라는 생각
· belief that	~라는 믿음
· conviction that	~라는 확신

· I had a feeling **that he was the criminal**.
  나는 그가 범인이라는 느낌이 왔다

❷ 관계대명사 what

(1) 의의

what이 이끄는 명사절은 주어, 목적어, 보어의 역할을 한다.
「what + (주어) + 동사」의 형태로 「(주어가) ~ 하는 것」으로 해석하며, what 다음에 동사는 반드시 있어야 하지만 「주어, 목적어, 보어」중 하나가 빠져 있는 「불완전한 절」이 온다.

(2) 주어

「what절」은 「주어」자리에 올 수 있다.

- **What is beautiful** is not always good.
  아름다운 것이 항상 좋지는 아니다.

- **What she really needs** is a cellular phone.
  그녀가 정말 필요로 하는 것은 휴대폰이다.

어구

willingly 기꺼이
wish 바라다
religion 종교
keep A from ~ing A가 ~하는 것을 막다
the poor 가난한 사람들
murder 살해하다
the rich 부유한 사람들

(3) 목적어

「what절」은 「타동사의 목적어」, 「전치사의 목적어」자리에 올 수 있다.

① 타동사의 목적어
- Men willingly believe what they wish.
  인간은 자신이 바라는 것을 기꺼이 믿는다.

② 전치사의 목적어
- There is much truth in what he says.
  그가 말하는 것에는 많은 진실이 있다.

(4) 보어

주어를 보충하는 주격보어로서 「be 동사」 다음에 「what절」이 올 수 있다.

- Religion is what keeps the poor from murdering the rich.
  종교는 가난한 자가 부유한 자를 살해하는 것을 막는 것이다.

(5) 관계대명사 what의 주요 관용 표현

- 「what one is」   인격, 모습
- 「what one has」   재산, 가진 것
- 「what is called」   소위
- 「A is to B what C is to D」   A와 B의 관계는 C와 D의 관계와 같다

> **어구**
> not A but B A가 아니라 B
> mind 마음, 지성

- The important thing is not what you have but what you are.
  중요한 것은 재산이 아니라 사람됨이다.

- Reading is to the mind what exercise is to the body.
  독서와 지성의 관계는 운동과 신체의 관계와 같다.

(6) 관계형용사 what

명사와 결합하여 「what + 명사」의 형태로 관계대명사 what과 마찬가지로 명사절을 이끈다. 그리고 관계형용사 what은 「모든 ~」라는 의미를 가진다.

- I gave him what money I had with me.
  나는 그에게 내가 가진 모든 돈을 주었다.

> **어구**
> certain 확실한, 어떤

UNIT 3 | whether절과 의문사절

❶ 접속사 whether

(1) **의의**

whether가 이끄는 명사절은 주어, 목적어, 보어의 역할을 한다.
「whether + 주어 + 동사 ~」의 형태로 선택 또는 의문을 뜻하는 「주어가 ~하는지」로 해석하며, whether 다음에 오는 「주어 + 동사 ~」는 빠진 것이 없는 「완전한 절」이 온다.

(2) **주어**

「whether절」이 주어 자리에 오면 「가주어 it」을 쓰고 진짜주어인 「whether절」을 문장 뒤에 둘 수 있다.

· **Whether he will come or not** is not certain.
· **It** is not certain **whether he will come or not**.
그가 올지 안 올지는 확실하지 않다.

(3) **목적어**

「whether절」은 「타동사」의 목적어, 「be 형용사」의 목적어, 「전치사」의 목적어 자리에 올 수 있다.

① 「타동사 + whether절」

- He asked me whether I was ready for the examination.
  그는 나에게 내가 시험 준비가 되었는지 물었다.

② 「be 형용사 + whether절」

- I am not sure whether or not she is going to the dance party.
  나는 그가 댄스파티에 갈지 안 갈지 알지 못한다.

③ 전치사의 목적어

- The question arose as to whether this behaviour was unlawful.
  이 행동이 불법인지에 관하여 의문이 생겼다.

(4) **보어**

주어를 보충하는 주격보어로서 「be 동사」 다음에 「whether절」이 올 수 있다.

- My chief concern is whether or not they are alive.
  나의 주된 관심사는 그들의 생사 여부다

어구

examination 시험
be not sure 잘 알지 못하다
arise 생기다
behavior 행동
unlawful 불법인
chief 주된
concern 관심사
alive 살아있는

> **어구**
> agree 동의하다, 의견이 일치하다
> matter 중요하다, 문제

(5) **whether와 if**

「타동사+whether절」, 「be 형용사+whether절」, 「가주어 it ~ 진짜주어 whether절」 등에서 「whether」 대신 「if」를 쓸 수 있다.
주어 및 전치사의 목적어 자리에는 「if」가 올 수 없으며, 그리고 「if or not」는 쓰지 않는다.

- **If he will agree with me** does not matter. (X)
  그가 나에게 동의하는 지는 중요하지 않다.

- The question arose as to **if this behaviour was unlawful**. (X)
  이 행동이 불법인지에 관하여 의문이 생겼다.

- I am not sure **if or not she is going to the dance party**. (X)
  나는 그가 댄스파티에 갈지 안 갈지 알지 못한다.

❷ 의문사

어구
novel 소설, 새로운
certain 확실한, 어떤

(1) 의의

의문사가 이끄는 명사절은 주어, 목적어, 보어의 역할을 한다.
「의문사절」은 각각의 의문사에 따라 해석을 달리하며, 의문문과 달리 의문사 다음에 「주어와 동사의 도치」가 없다.

who + 동사 ~ who(m) + 주어 + 동사 ~	누가 ~ 하는 지 주어가 누구를 ~ 하는지
which + 동사 ~ which + 주어 + 동사 ~	어느 것이 ~ 하는 지 주어가 어느 것을 ~ 하는 지
what + 동사 ~ what + 주어 + 동사 ~	무엇이 ~ 하는 지 주어가 무엇을 ~ 하는 지
when + 주어 + 동사 ~	주어가 언제 ~ 하는 지
where + 주어 + 동사 ~	주어가 어디지 ~ 하는 지
why + 주어 + 동사 ~	주어가 왜 ~ 하는 지
how + 주어 + 동사 ~ how + 형용사 / 부사 + 주어 + 동사 ~	주어가 어떻게 ~ 하는 지 주어가 얼마나 ~ 하는 지

① 주어

「의문사절」이 주어 자리에 오면 「가주어 it」을 쓰고 진짜주어인 「의문사절」을 문장 뒤에 둘 수 있다.

· When did she write the novel is not certain. (X)
· When she wrote the novel is not certain. (O)
· It is not certain when she wrote the novel. (O)
　그녀가 언제 그 소설을 썼는지는 확실하지 않다.

어구

nearest 가장 가까운
around here 이 근처에
come and go 있다가 없어지다
depending on ~에 따라
treat 대하다
basic 기본적인
try to do ~하려고 하다

② 목적어

「의문사절」은 「타동사의 목적어」, 「be+형용사의 목적어」, 「전치사의 목적어」 자리에 올 수 있다.

· I don't know **where is the nearest bank** around here. (X)
· I don't know **where the nearest bank is** around here. (O)
  나는 이 근처에 가장 가까운 은행이 어디에 있는지 모른다.

· Friends can come and go, depending on **how you treat them**.
  친구들은 당신이 어떻게 그들을 대하느냐에 따라 생기고 없어질 수 있다.

③ 보어

주어를 보충하는 주격보어로서 「be 동사」 다음에 「의문사절」이 올 수 있다.

· One basic question scientists have tried to answer is **how people learn**.
  과학자들이 답하려고 해온 한 가지 기본적인 질문은 사람들이 어떻게 배우는 지 이다.

(2) 의문사의 종류

① 의문대명사(who / whom / which / what 등) + 불완전한 절

의문대명사 다음에 오는 「주어 + 동사 ~」에서 동사는 반드시 있어야 하지만 「주어, 목적어, 보어」 중 하나가 빠져 있는 「불완전한 절」이 온다.

- The problem is who will tie the bell around the cat's neck.
  문제는 누가 고양이의 목에 방울을 달 것인지 이다.

- I climbed up to the diving tower to see what the view was like.
  나는 경관이 어떤 지를 보기 위해 다이빙 타워에 올라갔다.

② 의문형용사(whose / which / what) + 명사 + 불완전한 절

의문형용사는 명사와 결합하여 쓰이며, 「의문형용사 + 명사」 뒤에는 의문대명사 처럼 「주어, 목적어, 보어」 중 하나가 빠져 있는 「불완전한 절」이 온다.

- I don't care whose fault this is.
  나는 이것이 누구의 잘못인지 상관하지 않는다.

- I am not sure which season she likes best.
  나는 그녀가 어느 계절을 가장 좋아하는지 잘 모른다.

어구

tie 묶다, 달다
climb 오르다
view 경관, 경치
care 상관하다, 관심을 가지다
fault 잘못

어구

have no idea of ~을 전혀 모르다
tree ring 나이테
indicate 나타내다

③ 의문부사(when / where / why / how) + 완전한 절

의문부사 다음에 오는 「주어 + 동사 ~」는 빠진 것이 없는 「완전한 절」이 오는 것이 원칙이다. 그리고 의문부사 how가 「얼마나」의 뜻으로 쓰일 때에는 「how + 부사, how + 형용사, how + 수량형용사 + 명사」등으로 쓰인다.

· I have no idea (of) why people like alcohol.
  나는 사람들이 왜 술을 좋아하는지 전혀 모르겠다.

· A tree ring indicates how warm the summer was.
  나이테는 여름이 얼마나 더웠는지 나타낸다.

UNIT 4 | 복합 관계사절

> **어구**
> be supposed to do
> ~하기로 되어 있다
> a lot of 많은

복합 관계사에는 복합 관계대명사, 복합 관계형용사, 복합 관계부사가 있으며, 복합 관계사는 명사절을 이끌 수 있다.

① 복합 관계대명사

(1) 의의 및 특징

「복합 관계대명사」가 이끄는 명사절은 주어, 목적어, 보어의 역할을 한다.
복합 관계대명사에는 「whoever(~하는 누구든)」, 「whomever(~하는 누구든)」, 「whichever(~하는 어느 것이든)」, 「whatever(~하는 무엇이든)」 등이 있다.

whoever 뒤에는 주어 또는 주격보어가 빠진 「불완전한 절」이 오며, whomever 뒤에는 목적어가 빠진 「불완전한 절」이 온다. whichever, whatever 뒤에는 「주어, 목적어, 보어」 중 하나가 빠진 「불완전한 절」이 온다.

(2) 예문

① 주어

「복합 관계대명사절」은 「주어」자리에 올 수 있다.

· **Whoever comes back first** is supposed to get a lot of money.
제일 먼저 돌아오는 누구든 많은 돈을 받기로 되어 있다.

· **Whatever you do** is fine with me.
네가 하는 무엇이든 나에게는 괜찮아.

> **어구**
> take 가져가다
> choose 선택하다, 고르다
> dream 꿈꾸다

② 목적어

「복합 관계대명사절」은 「타동사의 목적어」, 「전치사의 목적어」 자리에 올 수 있다.

· You may take **whichever you like**.
너는 네가 좋아하는 어느 것이든 가져가도 좋다.

· I will give an opera ticket to **whoever wants it**.
나는 그것을 원하는 누구에게든 오페라 티켓을 줄 것이다.

· I will give an opera ticket to **whomever you choose**.
나는 네가 선택하는 누구에게든 오페라 티켓을 주겠다.

③ 보어

「복합 관계대명사절」은 「보어」 자리에 올 수 있다.

· You can become **whoever you dream to be**.
너는 네가 되기를 꿈꾸는 누구든 될 수 있다.

② 복합 관계형용사와 복합 관계부사

(1) 복합 관계형용사의 종류

복합 관계형용사에는 whichever, whatever 등이 있으며, 명사와 결합하여 「whichever + 명사(-하는 어느 명사든)」, 「whatever + 명사(~하는 무슨 명사든)」로 쓰인다. 「복합 관계형용사 + 명사」는 「복합 관계대명사」와 마찬가지로 명사절을 이끌 수 있으며, 그 뒤에는 「주어, 목적어, 보어」중 하나가 빠져 있는 「불완전한 절」이 온다.

(2) 복합 관계부사의 종류

복합 관계부사에는 wherever(어디에 ~하든, ~하는 어디든), whenever(언제 ~하든, ~하는 언제든), however(어떻게 ~하든, 얼마나 ~하든) 등이 있으며, 그 뒤에는 「완전한 절」이 온다.

어구

philanthropist 자선가
try to do ~하려고 하다
make a difference 차이를 낳다, 영향을 미치다
riches 부
possess 소유하다

(3) 예문

- You may take **whichever book you like**.
  너는 네가 좋아하는 어느 책이든 가져가도 좋다.

- A philanthropist tries to make a difference with **whatever riches he possesses**.
  자선가는 자신이 소유한 어떠한 부를 가지고서든 영향을 미치려고 한다.

- **Whenever you want to come** is fine with me.
  네가 언제 오기를 원하든 나에게는 좋다.

/ MEMO /

CHAPTER 13

친절한영어 기본을 완성하는 문법

관계사

- UNIT 1 관계사 기초
- UNIT 2 관계대명사의 종류
- UNIT 3 관계대명사의 여러 용법
- UNIT 4 관계부사

UNIT 1 | 관계사 기초

❶ 관계사절

(1) 관계사의 종류

관계사는 「접속사 + 대명사」의 기능을 하는 관계대명사와 「접속사 + 부사」의 기능을 하는 관계부사로 나눌 수 있다.

(2) 관계사절의 위치

관계사절은 「관계대명사 + (주어) + 동사 ~」 또는 「관계부사 + 주어 + 동사 ~」의 형태로 「주어와 동사 사이」 또는 「문장 끝」에 위치하는 것이 일반적이다.

(3) 관계사절의 역할

관계사절은 앞에 나온 명사(선행사)를 「수식」하는 「한정적 용법」과 앞에 있는 명사(선행사)를 「부연 설명」하는 「계속적 용법」으로 나뉜다.

❷ 관계대명사

> **어구**
> at the foot of ～의 기슭에
> hill 언덕
> command a fine view
> 전망이 좋다

(1) 관계대명사의 종류

관계대명사는 앞에 나온 명사(선행사)가 사람인지 아닌지에 따라 who, which, that 등으로 나뉜다. 그리고 관계대명사절 내에서 주어 또는 주격보어로 쓰이는 지, 소유격으로 쓰이는 지, 목적어로 쓰이는 지에 따라 다른 관계대명사를 쓴다.

선행사	주격	소유격	목적격
사람	who	whose	whom
사물 등	which	whose / of which	which
사람, 사물 등	that	–	that

(2) 예문

① 한정적 용법

선행사와 관계대명사 사이에 쉼표(,)가 없으면 관계사절은 앞에 있는 명사를 수식하는 역할을 한다.

· I like the teacher who is always kind to me.
  나는 나에게 항상 친절한 그 선생님을 좋아한다.

· The house which stands at the foot of the hill commands a fine view.
  언덕 기슭에 자리 잡고 있는 그 집은 전망이 좋다.

② 계속적 용법

선행사와 관계대명사 사이에 쉼표(,)가 있으면 일반적으로 계속적 용법이 되어 앞에 있는 명사 등을 부연 설명하게 된다.

· I like the teacher, who is always kind to me.
  나는 그 선생님을 좋아하는데, 그는 항상 나에게 친절하다.

· The house, which stands at the foot of the hill, commands a fine view.
  그 집은, 언덕 기슭에 자리 잡고 있는데, 전망이 좋다.

> **어구**
> enter through ~을 통해 들어가다
> rear door 뒷문

❸ 관계부사

(1) 관계부사의 종류

관계부사에는 앞에 나온 명사가 장소, 시간, 방법, 이유인지에 따라 where, when, why, how 등이 있다.

선행사	관계부사
장소	where
시간	when
이유	why
방법	thhowat

(2) 예문

① 한정적 용법

선행사와 관계부사 사이에 쉼표(,)가 없으면 관계사절은 앞에 있는 명사를 수식하는 역할을 한다.

· He entered through <u>the rear door</u> **where there was no smoke or fire**.
그는 연기나 불이 없는 뒷문을 통해 들어갔다.

② 계속적 용법

선행사와 관계부사 사이에 쉼표(,)가 있으면 계속적 용법이 된다. 관계부사 where와 when은 계속적 용법으로 쓸 수 있으며, where는 「그리고 그곳에서」 또는 「그런데 그곳에서」 등으로 해석하고, when은 「그리고 그때」 또는 「그런데 그 때」 등으로 해석한다.

- Tom moved to Chicago, where he worked for Louis Sullivan.
  탐은 시카고로 이사를 갔고, 그곳에서 그는 루이스 설리번을 위해 일했다.

- He was about to leave the house at nine, when she arrived.
  그는 9시에 그 집을 막 떠나려 했고, 그 때 그녀가 도착했다.

어구

move 움직이다, 이사하다
be about to do 막 ~하려 하다

> **어구**
> support 지지하다
> genetic engineering 유전공학
> fatal 치명적인
> disease 병
> advice 충고, 조언
> originally 원래
> be from ~ 출신이다

UNIT 2 | 관계대명사의 종류

❶ 관계대명사의 격

(1) 주격 관계대명사

주격 관계대명사 who, which, that은 관계사절에서 주어 또는 주격보어의 역할을 하므로, 그 뒤에 주어 또는 주격보어가 빠진 「불완전한 절」이 온다. 일반적으로 주어가 빠진 절이 오며 「명사 + 관계대명사 + 동사 ~」의 형태를 가지며 「~하는 명사」로 해석한다.

- I support genetic engineering which it can help to stop the fatal diseases. (X)
- I support genetic engineering which can help to stop the fatal diseases. (O)
  나는 치명적인 질병을 막는 데 도움을 줄 수 있는 유전공학을 지지한다.

(2) 목적격 관계대명사

목적격 관계대명사 whom, which, that은 관계대명사가 이끄는 절에서 목적어의 역할을 하므로, 그 뒤에 타동사의 목적어 또는 전치사의 목적어가 빠진 「불완전한 절」이 온다. 일반적으로 「명사 + 관계대명사 + 주어 + 동사 ~」의 형태를 가지며 「주어가 ~하는 명사」로 해석한다.

- She never listens to the advice which I give it to her. (X)
- She never listens to the advice which I give to her. (O)
  그녀는 내가 그녀에게 주는 충고를 결코 듣지 않는다.

- The new teacher that I told you about him is originally from Peru. (X)
- The new teacher that I told you about is originally from Peru. (O)
  내가 네게 말했던 새로운 선생님은 원래 페루 출신이다.

(3) 소유격 관계대명사

소유격 관계대명사 whose는 명사와 결합하여 쓰이며, 「~의」라는 의미를 가진다. 「whose + 명사」는 주격 관계대명사 또는 목적격 관계대명사의 역할을 한다. 「of which」는 전치사 of가 「~의」라는 의미를 가지기 때문에 소유격 관계대명사로 쓰일 수 있다.

- Firefighters are people whose job is to put out fires and rescue people.
  소방관들은 그들의 일이 불을 끄고 사람들을 구하는 사람들이다.

- I looked at the mountain whose top was covered with snow.
- I looked at the mountain the top of which is covered with snow.
- I looked at the mountain of which the top is covered with snow.
  나는 그것의 정상이 눈으로 덮여 있는 산을 보았다.

어구

firefighter 소방관
job 일, 직업
put out 끄다
rescue 구하다, 구조하다
be covered with
~로 덮여있다

> **어구**
> try to do ~하려고 하다
> escape 달아나다
> impossible 불가능한
> angry 화난

❷ 관계대명사 which와 that의 특별 용법

(1) 관계대명사 which의 특별 용법

관계대명사 which는 「계속적 용법」으로 쓰일 때, 선행사가 명사인 경우 외에도 「구」 또는 「절」인 경우도 있다. 이 때 「그리고 그것은」, 「그런데 그것은」 등으로 해석한다.

- He tried to escape, which was impossible.
  그는 달아나려고 했는데, 그것은 불가능했다.

- I said nothing, which made her angry.
  나는 아무 말도 하지 않았는데, 그것이 그녀를 화나게 했다.

(2) 관계대명사 that의 특별 용법

① 관계대명사 that을 쓰는 것이 원칙인 경우

선행사에 「the + 최상급 형용사」, 「the + only」, 「every」가 있거나 선행사가 「all」, 「의문사」 등인 경우, 관계대명사 that을 쓴다.

· He was the only man **that I knew in my neighborhood**.
  그는 내가 이웃에서 알았던 유일한 사람이었다.

· Who **that is rich** could do such a stingy thing?
  부유한 누가 그런 인색한 일을 할 수 있겠는가?

② 관계대명사 that을 쓰지 못하는 경우

관계대명사 that은 전치사와 붙여 쓰지 못하며, 「계속적 용법」으로 쓸 수 없다.

· The sport **that I am most interested in** is Soccer. (O)
· The sport **in that I am most interested** is Soccer. (X)
  내가 가장 관심이 있는 스포츠는 축구다.

· The deadly wildfires, **that** have been raging since September, have already burned about 5 million hectares of land. (X)
· The deadly wildfires, **which** have been raging since September, have already burned about 5 million hectares of land. (O)
  그 치명적인 산불은, 9월 이래로 맹위를 떨치고 있는데, 이미 대략 500만 헥타르의 땅을 불 태웠다.

어구

only 유일한
neighborhood 이웃
stingy 인색한
be interested in ~에 관심을 가지다
deadly 치명적인
wildfire 산불
rage 맹위를 떨치다
since -이래로
already 이미
burn 태우다
about 대략
hectare 헥타르(땅 면적의 단위)

어구
still 여전히
alive 살아있는
identify 확인하다, 식별하다
various 다양한
hazard 위험
encounter 마주치다
detective 형사

UNIT 3 | 관계대명사의 여러 용법

❶ 관계대명사의 「생략」과 관계사절 안의 「삽입」

(1) 「목적격 관계대명사」의 생략

「한정적 용법」으로 쓰이는 목적격 관계대명사는 생략할 수 있다.
목적격 관계대명사 뒤에는 목적어가 빠진 「불완전한 절」이 온다.

· The fish I caught yesterday is still alive.
  내가 어제 잡은 그 물고기는 여전히 살아있다.

· They must learn how to identify the various hazards they may encounter.
  그들은 자신이 마주칠 수 있는 다양한 위험들을 식별하는 법을 배워야 한다.

(2) 관계사절 안의 「주어 + 동사」의 삽입

관계대명사 다음에 「주어 + 동사」가 삽입되어 있으면 이를 괄호로 묶고 해석한다.

· In the train, I met a man who I thought was a detective.
  기차에서, 나는 내가 생각하기에 형사인 사람을 만났다.

❷ 주요 관계대명사 표현

(1) 부분명사 또는 수량표현 + of + 관계대명사

두 문장을 연결할 때에는 접속사가 필요하며, 관계대명사는 「접속사 + 대명사」의 역할을 한다.

- A ship lost twelve cargo containers, one of them held floating bath toys. (X)
- A ship lost twelve cargo containers, one of which held floating bath toys. (O)
  배 한 척이 12개의 화물 컨테이너를 잃었는데, 그것들 중 하나는 물에 뜨는 욕실 장난감을 지니고 있었다.

(2) 전치사 + 관계대명사

관계대명사가 「전치사의 목적어」로 쓰일 때, 전치사는 관계대명사를 앞으로 보내 「전치사 + 관계대명사」 구문으로 쓰는 것이 일반적이다. 「전치사 + 관계대명사」 뒤에는 「완전한 절」이 오게 된다.

- This is the bag which I put books in when I go to school. (O)
- This is the bag in which I put books when I go to school. (O)
  이것은 내가 학교 갈 때 책을 집어넣는 가방이다.

- Democracy is a word which we are so familiar with. (O)
- Democracy is a word with which we are so familiar. (O)
  민주주의는 우리가 매우 친숙한 단어이다.

어구

ose 잃다
cargo container 화물 컨테이너
hold 지니다
floating 물에 뜨는
bath toy 욕실 장난감
put 놓다, 두다
democracy 민주주의
be familiar with ~에 친숙하다

어구
rule 규칙
exception 예외
own 자신의

③ 유사 관계대명사

(1) 유사 관계대명사 but

유사 관계대명사 but은 「없다」의 의미를 가지는 「there is no ~」 또는 수사의 문문 「who is there ~ ?」 다음에 쓰이며, 뒤에 오는 문장의 의미를 부정한다.

· There is no rule **but has exceptions**.
예외를 가지지 않은 규칙은 없다.

· Who is there **but loves his own home**?
자신의 가정을 사랑하지 않는 사람이 누가 있겠는가?

(2) 유사 관계대명사 than

선행사에 비교급 more, fewer, less 등이 있는 경우에 유사 관계대명사 than을 쓴다.

- Don't use more words than are necessary.
  필요한 말보다 더 많이 말하지 마라.

(3) 유사 관계대명사 as

선행사에 such, the same, as 등이 있는 경우에 유사 관계대명사 as를 쓴다. 앞 또는 뒤에 나온 문장을 선행사로 받는 관용표현이 있다.

- Don't trust such friends as praise you to your face.
  네 면전에서 너를 칭찬하는 그런 친구를 믿지 마라.

- As is often the case with children, Joshua is afraid of doctors.
  아이들에게 종종 그렇듯이, Joshua는 의사를 무서워한다.

어구

necessary 필요한
trust 믿다, 신뢰하다
to one's face ~의 면전에서
as is often the case with ~에 종종 그렇듯이
be afraid of ~을 두려워하다

어구
- emergency operations center 긴급 작전 본부, 긴급 상황실
- accurate 정확한
- report 보고
- condition 상황
- scene 현장
- disaster 재난
- record 기록하다
- evaluate 평가하다

UNIT 4 | 관계부사

❶ 관계부사

(1) 관계대명사와 비교

관계대명사와 달리 관계부사 뒤에는 「완전한 절」이 온다.

(2) 예문

① 관계부사 where

관계부사 where는 선행하는 장소명사를 수식한다.

· The emergency operations center is a place where accurate reports of conditions at the scene of the disaster are recorded and evaluated.
긴급 작전 본부는 재난 현장의 상황에 대한 정확한 보고가 기록되고 평가되는 장소이다.

② 관계부사 when

관계부사 when은 선행하는 시간명사를 수식한다.

· The day when your dream will come true will surely come.
당신의 꿈이 실현될 날이 틀림없이 올 것이다.

③ 관계부사 why

관계부사 why는 선행하는 이유명사를 수식한다.

- One of the main reasons why we don't want to get out of bed in the morning is that we don't sleep well during the night.
  우리가 아침에 침대 밖으로 나가고 싶지 않은 주요한 이유 중 하나는 우리가 밤에 잠을 잘 자지 못하기 때문이다.

④ 관계부사 how

관계부사 how는 선행사 the way와 함께 쓰지 못하며 the way나 how 중 한쪽만을 쓰거나, the way that 또는 the way in which로 쓴다.

- Augusto Blasi pioneered the ways in which the moral self motivates our ethical actions.
  Augusto Blasi는 도덕적 자아가 우리의 윤리적 행동에 동기를 부여하는 방법들을 개척했다.

어구

get out of ~에서 나가다
during ~ 동안
pioneer 개척하다
moral 도덕적인
self 자아
motivate 동기를 부여하다
ethical 윤리적인

어구
study 연구하다 food 먹이, 음식 have to do ~해야 하다 make a decision 결정하다 sensitive 민감한 particularly 특히 useful 유용한 blind 눈이 먼

② 주요 관계부사 표현

(1) 관계부사 that

관계부사 when, why, how는 「관계부사 that」으로 바꿔 쓸 수 있다.

· Scientists studied the way that birds find their food.
  과학자들은 새들이 먹이를 찾는 방법을 연구했다.

(2) 관계부사의 생략

관계부사 when, why, how는 「생략」할 수 있다.

· Now is the time we have to make a decision.
  지금은 우리가 결정해야 할 때다.

(3) 선행사의 생략

「the place + where ~」, 「the time + when ~」, 「the reason + why ~」, 「the way + how ~」에서 선행사 the place, the time, the reason, the way를 생략할 수 있으며, 이 경우 관계부사는 선행사의 뜻을 가지게 된다. 즉 「where(~곳)」, 「when(~때)」, 「why(~이유)」, 「how(~방법)」등으로 해석한다.

· Your hands are also very sensitive. That is why they are particularly useful to blind people.
  손은 또한 매우 민감하다. 그것은 그것들(손)이 시각 장애인들에게 특히 유용한 이유이다.

MEMO

CHAPTER 14 부사절 접속사

친절한영어 기본을 완성하는 문법

- UNIT 1 부사절 기초
- UNIT 2 시간 · 이유 부사절
- UNIT 3 조건 · 양보 부사절
- UNIT 4 목적 · 결과 부사절
- UNIT 5 주의할 부사절 구문

UNIT 1 | 부사절 기초

① 부사절

(1) 부사절의 의의

부사절이란 「접속사 + 주어 + 동사 ~」의 형태로, 「부사」의 역할 즉, 「그 외 수식어」로 쓰이는 것을 말한다. 이러한 부사절을 이끄는 접속사를 「부사절 접속사」라고 한다.

(2) 부사절의 위치

「주어 앞」과 「문장 끝」에 오는 경우가 많으며, 때때로 「주어와 동사 사이」에 위치하기도 한다.

② 일반적 부사절 접속사의 종류

(1) 부사절 접속사의 종류

부사절 접속사에는 「시간 / 이유 / 조건 / 양보 / 목적 / 결과」등을 나타내는 여러 접속사가 있다.

시간	when(~할 때) after(~후에) before(~전에) until(~할 때까지) 등
이유	because(~이기 때문에) now that(~이기 때문에) 등
조건	if(~라면) unless(~가 아니라면) 등
양보	although(비록 ~이지만) even though(비록 ~이지만) 등
목적	so that(~하도록) lest(~하지 않도록) 등
결과	so ~ that ~ (너무 ~해서 ~하다) 등

(2) 예문

① 시간 부사절

- **When people use water to fight a fire**, the water can damage floors and walls.
  사람들이 화재를 진압하기 위해 물을 사용할 때, 그 물은 바닥과 벽에 손상을 입힐 수 있다.

② 이유 부사절

- In periods of drought, more forest fires occur **because the grass and plants are dry**.
  가뭄 기간에는, 풀과 초목이 건조하기 때문에 더 많은 산불이 발생한다.

③ 조건 부사절

- **If your child has symptoms of heatstroke**, get emergency medical care immediately.
  당신의 자녀가 열사병의 증상을 가지고 있다면, 즉시 응급치료를 받으세요.

어구

fight a fire 화재를 진압하다
damage 손상을 입히다
floor 바닥
period 기간
drought 가뭄
forest fire 산불
occur 발생하다
grass 풀
plant 초목, 식물
symptom 증상
heatstroke 열사병
emergency 응급
medical care 치료
immediately 즉시

어구

at the time 그 당시
chart 도표
understand 이해하다
suitcase 여행 가방
barely 간신히, 거의 ~않는
lift 들어 올리다

④ 양보 부사절

- At the time, only 2.9 percent of firefighters were black, **even though the city itself was 27 percent black**.
  그 당시, 도시 자체는 27퍼센트가 흑인이었지만, 소방관의 2.9퍼센트만이 흑인이었다.

⑤ 목적 부사절

- I made a chart **so that you can understand it better**.
  당신이 그것을 더 잘 이해할 수 있도록 내가 도표를 만들었다.

⑥ 결과 부사절

- The suitcase was so heavy **that I could barely lift it**.
  그 여행 가방은 너무 무거워서 나는 그것을 간신히 들어 올릴 수 있었다.

UNIT 2 | 시간 · 이유 부사절

❶ 시간 부사절

(1) 시간 부사절 접속사의 종류

- while(~하는 동안, ~이지만, ~인 반면), when(~할 때)
- after(~후에), before(~전에)
- until(~할 때까지), by the time(~무렵, ~할 때까지)
- as soon as(~하자마자), the moment(~하자마자)
- once(~하자마자, 일단 ~ 하면), everytime(~할 때마다)
- next time(다음에 ~할 때에), first time(처음 ~할 때에)
- as(~할 때, ~하면서, ~함에 따라, ~이기 때문에, ~처럼, ~만큼)

(2) 예문

- **While I was waiting at the bus stop**, three buses went by in the opposite direction.
  내가 버스정류장에서 기다리는 동안에, 세 대의 버스가 반대 방향으로 지나갔다.

- Stay close to the ground and take short, quick breaths **until you reach the exit**.
  당신이 출구에 도착할 때까지, 바닥에 가까이 붙고 짧고 빠른 숨을 쉬세요.

어구

bus stop 버스정류장
go by 지나가다
in the opposite direction 반대 방향으로
stay close to ~에 가까이 붙다
ground 바닥, 지면
take a breath 숨을 쉬다
reach 도착하다
exit 출구, 나가다

> **어구**
> different 다른, 갖가지의
> strength 힘, 강점
> identify 확인하다, 동일시하다
> appropriate 적절한
> take action 조치를 취하다

② 이유 부사절

(1) 이유 부사절 접속사의 종류

- because(~이기 때문에, ~라고 해서)
- since(~이기 때문에, ~한 이래로 죽)
- now that(~이기 때문에, ~인 지금)

(2) 예문

- We work well together **because we have different strengths**.
  우리는 다른 장점들을 가지고 있기 때문에, 함께 잘 일한다.

- **Now that the problem has been identified**, appropriate action can be taken.
  문제가 확인되었기 때문에, 적절한 조치가 취해질 수 있다.

UNIT 3 | 조건·양보 부사절

어구
true 진정한
liberty 자유
economic 경제의
mobile phone 휴대폰

❶ 조건 부사절

(1) 조건 부사절 접속사의 종류

- if(만약 ~라면), unless(만약 ~이 아니라면)
- provided that(만약 ~라면), providing that(만약 ~라면)
- as long as(~하는 한, ~하는 동안은), so long as(~하는 한, ~하는 동안은)
- in case(~경우라면, ~의 경우를 대비하여), given that(~를 고려하면)

(2) 예문

- There can be no true liberty unless there is economic liberty.
  경제적 자유가 없다면, 진정한 자유가 있을 수 없다.

- In case I'm not in my office, I'll let you know my mobile phone number.
  제가 사무실에 없을지도 모르니까, 제 휴대전화 번호를 알려 드릴게요.

> **어구**
>
> replace 대체하다
> practice 훈련, 연습
> hard 힘든, 열심히
> visualization 시각화
> sometimes 때때로
> amazing 놀라운
> fantastic 환상적인
> diligent 근면한, 성실한

❷ 양보 부사절

(1) 양보 부사절 접속사의 종류

- although(비록 ~이지만), though(비록 ~이지만)
- even though(비록 ~이지만), even if(비록 ~이지만)
- whether(~이든 아니든), whereas(~인 반면, ~이지만)

(2) 예문

- **Although it can't replace practice and hard work**, visualization can sometimes do amazing things.
  그것이 훈련과 힘든 일을 대체할 수는 없지만, 시각화는 때때로 놀라운 일들을 할 수 있다.

- That place is fantastic **whether you like swimming or walking**.
  네가 수영을 좋아하든 산책을 좋아하든, 그 장소는 환상적이다.

(3) 양보 부사절 도치 구문

- 형용사 / 부사 / 관사 없는 명사 + though + 주어 + 동사   (주어가 ~이지만)
- 형용사 / 부사 / 관사 없는 명사 + as + 주어 + 동사   (주어가 ~이지만)

- **Poor though she is**, she is honest and diligent.
- **Poor as she is**, she is honest and diligent.
  그녀가 가난하지만, 정직하고 근면하다.

UNIT 4 | 목적·결과 부사절

어구
share 공유하다, 함께 쓰다
experience 경험
fragile 깨지기 쉬운
careful 조심하는, 신중한

❶ 목적 부사절

(1) 목적 부사절 접속사의 종류

· so (that)	~하도록, ~하기 위해
· in order that	~하도록, ~하기 위해
· lest	~하지 않도록, ~할까봐
· for fear (that)	~하지 않도록, ~할까봐

(2) 예문

- The book has been written so that everyone can share my experiences.
  그 책은 모든 사람이 나의 경험을 공유할 수 있도록 쓰였다.

- Since this is fragile, be careful lest you should break it.
  이것은 깨지기 쉬우니, 네가 그것을 깨뜨리지 않도록 조심해라.

> **어구**
>
> firm 단호한
> make a decision 결정하다
> it is no good ~ing
> ~해도 소용없다
> try to do ~하려고 하다
> persuade 설득하다
> short of ~이 부족한
> as little as possible
> 가능한 적게

❷ 결과 부사절

(1) 결과 부사절 접속사의 종류

- so ~ that ~   너무 ~해서 ~하다
- such ~ that ~   너무 ~해서 ~하다
- so that   그래서

(2) 예문

- Tom made so firm a decision that it was no good trying to persuade him.
- Tom made such a firm decision that it was no good trying to persuade him.
  탐은 너무나 단호한 결정을 해서, 그를 설득하려고 하는 것은 소용없었다.

- They were short of water, so that they drank as little as possible.
  그들은 물이 부족했다. 그래서 가능한 적게 마셨다.

UNIT 5 | 주의할 부사절 구문

어구
worthless 가치 없는, 쓸모없는
cost 비용
repair 수리
responsibility 책임
will 뜻, 의지

❶ 양태 / 제한 / 장소 부사절

(1) 양태 / 제한 / 장소 부사절 접속사의 종류

- as if ~처럼
- as though ~처럼
- like ~처럼
- as far as I am concerned 내 생각에는, 나로서는
- where ~하는 곳에

(2) 예문

- We feel **as though we are worthless**.
  우리는 마치 우리가 쓸모없는 것처럼 느낀다.

- **As far as I'm concerned**, the cost of the repair is your responsibility.
  내 생각에는, 수리비용은 너의 책임이다.

- **Where there is a will**, there is a way.
  뜻이 있는 곳에, 길이 있다.

> **어구**
> renounce 버리다, 포기하다
> nun 수녀
> contact 연락하다
> convenient 편리한

❷ 부사절 접속사 뒤 「주어 + be 동사」의 생략

(1) 개념

부사절 내의 주어가 「주절의 주어」와 일치하거나, 부사절 내의 주어가 「일반인 주어」 또는 「형식 주어 it」일 때, 「주어 + be 동사」의 생략이 가능하다.

(2) 예문

- Though (she was) young, she renounced the world and became a nun.
  비록 어렸지만, 그녀는 세상을 버리고 수녀가 되었다.

- Contact us when (it is) convenient for you.
  편리한 때에 우리에게 연락하세요.

❸ 복합 관계사와 양보 부사절

(1) 복합관계사와 부사절

복합 관계사에는 복합 관계대명사, 복합 관계형용사, 복합 관계부사가 있으며, 복합 관계사는 「복합관계사 + (주어) + 동사 ~」의 형태로 양보의 부사절을 이끌 수 있다. 이 경우 복합관계사는 「no matter + 의문사」로 바꿔 쓸 수 있다.

(2) 복합 관계사의 종류

복합 관계대명사	who(m)ever whichever whatever	누가 ~하든, 누구를 ~하든 어느 것이 ~하든, 어느 것을 ~하든 무엇이 ~하든, 무엇을 ~하든
복합 관계형용사	whichever + 명사 whatever + 명사	어느 ~가 ~하든, 어느 ~를 ~하든 무슨 ~가 ~하든, 무슨 ~를 ~하든
복합 관계부사	whenever wherever however	~하는 언제든 ~하는 어디든 아무리 / 어떻게 ~하더라도

> **어구**
> desert 버리다
> be with ~와 함께 있다
> ask for ~을 요청하다

(3) 예문

① 복합 관계대명사

whoever 뒤에는 주어 또는 주격보어가 빠진 「불완전한 절」이 오며, whomever 뒤에는 목적어가 빠진 「불완전한 절」이 온다.
whichever, whatever 뒤에는 「주어, 목적어, 보어」중 하나가 빠져 있는 「불완전한 절」이 온다.

- **Whomever you may love**, he will desert you.
  네가 누구를 사랑하더라도, 그는 너를 버릴 것이다.

- **Whatever may happen**, I will always be with you.
  무슨 일이 일어나더라도, 나는 너와 항상 함께 있을 거야.

② 복합 관계형용사

복합 관계형용사는 명사와 결합하여 쓰이며, 「복합 관계형용사 + 명사」는 「복합 관계대명사」와 마찬가지로 그 뒤에는 「주어, 목적어, 보어」중 하나가 빠져 있는 「불완전한 절」이 온다.

- **Whatever information you ask for**, I'll give it to you.
  네가 무슨 정보를 요청하더라도, 내가 그것을 네게 줄게.

③ 복합 관계부사

복합 관계부사 뒤에는 완전한 절이 온다. 복합 관계부사 however는 「아무리 ~하더라도」라는 뜻으로 쓰일 때, 「however + 형용사 / 부사 + 주어 + 동사」의 어순을 가진다.

> 어구
> try 노력하다, 시도하다
> carry out 수행하다, 이행하다

· **However you may try hard**, you cannot carry it out. (X)
· **However hard you may try**, you cannot carry it out. (O)
　네가 아무리 열심히 노력하더라도, 그것을 수행할 수 없다.

4

특수 구문

Chapter 01　문법의 기본구조
Chapter 02　동사의 수
Chapter 03　동사의 시제
Chapter 04　동사의 종류
Chapter 05　동사의 태
Chapter 06　조동사
Chapter 07　가정법
Chapter 08　to부정사
Chapter 09　동명사
Chapter 10　분사
Chapter 11　등위접속사와 병치
Chapter 12　명사절 접속사
Chapter 13　관계사
Chapter 14　부사절 접속사
Chapter 15　비교 구문
Chapter 16　도치 구문과 강조 구문
Chapter 17　명사, 관사, 대명사
Chapter 18　형용사, 부사, 전치사

친절한영어 기본을 완성하는 문법

비교 구문

- UNIT 1 비교 구문 기초
- UNIT 2 원급 · 비교급 · 최상급
- UNIT 3 주요 비교 구문 표현

UNIT 1 | 비교 구문 기초

❶ 비교 구문의 의의

(1) 비교 구문의 의의

대상의 성질, 양태 등을 비교하는 것으로, 형용사와 부사의 원급을 통해 비교하는 「원급 비교」, 비교급을 통해 비교하는 「비교급 비교」, 최상급을 통해 비교하는 「최상급 비교」로 나누어진다. 비교급과 최상급은 형용사와 부사의 원급의 형태를 변화시켜 만드는 데, 여기에는 「규칙 변화」와 「불규칙 변화」가 있다.

(2) 규칙 변화

① 1음절 또는 2음절의 단어인 경우

원급 뒤에 「~er」를 붙여 비교급을, 「~est」를 붙여 최상급을 만든다.

- tall(키 큰) – taller(더 큰) – tallest(가장 큰)
- easy(쉬운) – easier(더 쉬운) – easiest(가장 쉬운)

② 3음절 이상의 단어 또는 –ful, –ive, –less, –ing 등으로 끝나는 경우

원급 앞에 「more」를 붙여 비교급을, 「most」를 붙여 최상급을 만든다.

- diligent(부지런한) – more diligent(더 부지런한) – most diligent(가장 부지런한)
- useful(유용한) – more useful(더 유용한) – most useful(가장 유용한)

(3) **불규칙 변화를 하는 형용사와 부사도 있다.**
- many(많은) / much(많은) – more(더 많은) – most(가장 많은)
- good(좋은) / well(잘) – better(더 좋은, 더 잘) – best(가장 좋은, 가장 잘)
- bad(나쁜) / ill(나쁜, 아픈) – worse(더 나쁜) – worst(가장 나쁜)

- little(적은) – less(더 적은) – least(가장 적은)

- late(늦은) – later(더 늦은, 나중에) – latest (최근의, 최신의)
- late(늦은) – latter(순서가 더 늦은) – last (마지막의)

어구
education 교육
peer 또래
instructor 강사
artificial 인공의
sweetener 감미료
active 활동적인
low 낮은
breast cancer 유방암

❷ 비교 구문의 종류

(1) 원급 비교

A와 B를 「A + as 원급 as + B」의 형태를 사용하여 비교하며, 앞의 as는 뜻을 가지고 있지 않는 부사이며, 뒤의 as는 접속사로서 「~만큼」의 의미를 가진다.

· Home education is **as important as** school education.
   가정교육은 학교 교육 만큼 중요하다.

· Students can learn **as much** from peers **as** they do from instructor.
   학생들은, 강사에게서 배우는 만큼, 또래로부터 많이 배울 수 있다.

(2) 비교급 비교

A와 B를 「A + 비교급 than + B」의 형태를 사용하여 비교하며, than은 접속사로 「~보다」의 의미를 가진다.

· Honey is far **more expensive than** sugar or other artificial sweeteners.
   꿀은 설탕이나 다른 인공 감미료보다 훨씬 더 비싸다.

· Physically active women have a **lower** risk of breast cancer **than** do people who are not active.
   신체적으로 활동적인 여성들은 활동적이지 않는 사람들보다 더 낮은 유방암의 위험을 가진다.

(3) **최상급 비교**

최상급은 셋 이상의 대상들 중에서 최고임을 나타내며, 형용사의 경우 일반적으로 정관사 the를 붙여 「the + 최상급 형용사」의 형태로, 「가장 ~한」이라는 의미를 가진다.

- Saving lives is the highest priority at the incident scene.
  생명을 구조하는 것은 사건 현장에서 최고의 우선사항이다.

- For some people, romantic relationships are the most meaningful element of life.
  어떤 사람들에게는, 낭만적인 관계가 삶의 가장 의미 있는 요소이다.

어구

save 구하다, 저축하다, 덜어주다
priority 우선사항
incident scene 사건 현장
relationship 관계
meaningful 의미 있는
element 요소

어구
business 사업
straightforward 간단한
expect 예상하다
accident 사고
experienced 경험 있는, 노련한

UNIT 2 | 원급·비교급·최상급

❶ 원급 비교

(1) 원급 비교의 부정

부정문에서는 「as 원급 as」를 「so 원급 as」로 쓰는 경우가 많다.

- Business has **never** been **as** good **as** it is now.
  사업이 지금만큼 좋은 적은 없었다.

- It is **not so** straightforward a problem **as** we expected.
  그것은 우리가 예상했던 것만큼 그렇게 간단한 문제는 아니다.

(2) 「배 수사 + as 원급 as」구문

배 수사는 부사 as 앞에 위치하며, 배수사가 있을 경우 접속사 as는 「~보다」라고 해석하는 게 자연스럽다.

- New drivers have **twice as** many accidents **as** experienced drivers.
  신참 운전자들은 노련한 운전자들보다 두 배 많은 사고를 낸다.

❷ 비교급 비교

(1) 「the 비교급 + 주어 + 동사 ~ , the 비교급 + 주어 + 동사 ~」구문

「주어가 ~ 할수록, 주어가 더 ~하다」의 의미를 가지며, 동사가 「be 동사」일 때에는 「be 동사의 생략」 또는 「주어와 be 동사의 도치」가 가능하다.

- **The younger** a child is, **the more easily** he or she will learn another language.
  아이의 나이가 어리면 어릴수록, 다른 언어를 더 쉽게 배울 것이다.

(2) 「라틴계 비교」

라틴어에서 온 「~or」비교급 즉 「superior(더 우수한), inferior(더 열등한), senior(연상의), junior(연하의)」등은 「접속사 than」 대신 「전치사 to」를 쓴다.

- The new manager is **superior** to the old one.
  새로운 관리자는 이전 관리자보다 더 우수하다.

(3) 비교급의 강조

비교급을 강조할 때 very나 more가 아닌 「much, far, still, even」 등을 쓴다.

- The car insurance rates in urban areas are **more** **higher** than those in rural areas. (X)
- The car insurance rates in urban areas are **much** **higher** than those in rural areas. (O)
  도시 지역에서의 자동차 보험료가 시골지역 보다 훨씬 더 높다.

어구

easily 쉽게
insurance rate 보험료
urban 도시의
rural 시골의
area 지역

> **어구**
>
> **poor circulation** 원활하지 않은 혈액순환
> **common** 흔한, 공동의
> **cause** 원인
> **be with** ~와 함께 있다

③ 최상급 비교

(1) 「one of + the 최상급 형용사 + 복수명사」 구문

「one of + the 최상급 형용사 + 복수명사」는 「가장 ~한 것 중 하나」라는 의미를 가진다.

· Poor circulation is **one of the most common causes** of cold hands and feet.
  원활하지 않은 혈액순환은 차가운 손발의 가장 흔한 원인 중 하나이다.

(2) 「the」를 붙이지 않는 최상급 비교

「단일 대상의 비교」 또는 「부사의 최상급」 등에서는 최상급에 the를 붙이지 않는다.

· She is **happiest** when she is with her family.
  그녀는 가족과 함께 있을 때 가장 행복하다.

UNIT 3 | 주요 비교 구문 표현

어구
this kind of 이런 종류의
as soon as possible 가능한 빨리
unintelligent 우둔한
uneducated 교육을 못 받은

❶ 원급 관용표현

(1) 「as ~ as possible」 가능한 한 ~하게

= 「as ~ as 주어 can」

· I think we should start this kind of system **as** soon **as possible**.
나는 우리가 가능한 한 빨리 이러한 종류의 시스템을 시작해야 한다고 생각한다.

(2) 「not so much A as B」 A라기 보다는 차라리 B

= 「not A so much as B」

· He is **not so much** unintelligent **as** uneducated.
그는 머리가 둔하기 보다는 교육을 받지 못했다.

> **어구**
> beggar 거지
> quarter 4분의 1
> salary 급여
> housing 주택
> poor 가난한

② 비교급 관용표현

(1) 「no + 비교급 + than」 ~보다 조금도 더 ~아닌

「no more than ~」 단지 ~뿐인
「no less than ~」 ~만큼이나 많이

- He is **no better than** a beggar.
  그는 거지나 다름없다.

- You should pay **no more than** a quarter of your salary for housing.
  당신은 주택에 급여의 단지 25%만을 지불해야 한다.

(2) 「not more than」 = 「at (the) most」 **기껏해야, 많아야**

「not less than」 = 「at (the) least」 **적어도, ~이상**

- The poor boy has **not more than** 10 cents in his pocket.
- The poor boy has **at most** 10 cents in his pocket.
  그 가난한 소년은 자신의 주머니에 기껏해야 10센트를 가지고 있다.

(3) 「A + no more ~ than + B」 (양자부정) A가 ~아닌 것은 B가 ~아닌 것과 같다

「A + no less ~ than + B」 (양자긍정) A가 ~인 것은 B가 ~인 것과 같다

- Mary is no more experienced in marketing than John.
  존처럼 메리도 마케팅에 경험이 없다.
- Parental guidance is no less important than school education.
  부모의 지도는 학교 교육 못지않게 중요하다.

(4) 「much more ~」 = 「still more ~」(긍정문) ~는 말할 것도 없이 하물며

「much less ~」 = 「still less ~」 (부정문) ~는 말할 것도 없이 하물며

- No explanation was offered, still less an apology.
  아무런 해명도 제공되지 않았다. 사과는 말할 것도 없고.

어구

experienced 경험 있는
guidance 지도, 안내
education 교육
explanation 설명
offer 제공하다
apology 사과

> **어구**
>
> crop 농작물
> essential 필수적인
> go along with ~에 동의하다

❸ 최상급 관용표현

(1) 최상급의 의미를 가지는 「원급 또는 비교급」 표현

주어 ~ the 최상급 형용사
= 주어 ~ 비교급 than + any other 단수명사
= 주어 ~ 비교급 than + anyone(anything) else
= 주어 ~ 비교급 than + all the other 복수명사
= No (other) 명사 ~ so(as) 원급 as + 주어
= No (other) 명사 ~ 비교급 than + 주어

· She is **more beautiful than any other girl** in the class.
  그녀는 학급에서 다른 어떤 소녀보다 더 아름답다.

· **No crop** is **more essential than** rice in Korea.
  어떠한 농작물도 한국에서 쌀보다 더 필수적이지 않다.

(2) 「the last ~」 결코 ~ 아닌

· She would be **the last** person to go along with the plan.
  그녀는 그 계획에 동의할 사람이 결코 아닐 것이다.

④ 비교 구문에서의 병치

어구
clearly 명확하게
exercise 운동

(1) 비교대상은 원칙적으로 문장의 「같은 성분」이 병치되어야 한다.

같은 품사가 병치되어야 하고, 내용적으로도 비교 가능해야 한다.

· **Nobody** speaks more clearly than **he** (does).
아무도 그보다 더 명확하게 말하지 않는다.

(2) 비교대상은 동일한 문법적 구조나 형태로 병치되어야 한다.

부정사는 「부정사끼리」, 동명사는 「동명사끼리」 병치되어야 한다.

· **Swimming** is as good an exercise as **to walk**. (X)
· **Swimming** is as good an exercise as **walking**. (O)
수영은 걷기만큼 좋은 운동이다.

친절한영어 기본을 완성하는 문법

도치 구문과 강조 구문

- **UNIT 1** 도치 구문 기초
- **UNIT 2** 주요 도치 구문
- **UNIT 3** 강조 구문

UNIT 1 | 도치 구문 기초

영어 문장은 평서문의 경우 「주어 + 동사 ~」의 어순을 가진다. 하지만 「평서문」이더라도, 일정한 경우 주어와 동사의 어순을 도치시키게 되는데, 이를 「도치 구문」이라고 한다.

❶ 부정 부사(구)의 도치

(1) **의의**

부정 부사 등이 문장 앞으로 나오면 그 뒤 「주어 + 동사」가 도치되어 의문문의 어순과 동일하게 된다.

be 동사가 있는 경우 「be 동사 + 주어 ~」를 쓴다.
일반 동사가 있는 경우 「do + 주어 + 동사원형 ~」을 쓴다.
조동사가 있는 경우 「조동사 + 주어 ~」를 쓴다.

(2) **부정 부사(구)의 종류**

- never(결코 ~않는), little(조금도 ~않는)
- hardly(거의 ~않는), seldom(거의 ~않는)
- no longer(더 이상 ~아닌), on no account(어떠한 경우에도 ~아닌)
- under no circumstances(어떠한 상황에서도 ~아닌) 등

어구

dream 꿈꾸다, 생각하다
tell a lie 거짓말하다
leave 남겨두다
alone 홀로

(3) **예문**

- Little did I dream that he had told me a lie.
  나는 그가 나에게 거짓말을 했으리라고는 꿈에도 생각지 못했다.

- Under no circumstances should you leave your children alone in the car.
  어떠한 상황에서도 너는 아이들을 차 안에 홀로 두지 말아야 한다.

어구

platform 플랫폼, 단상
in a dress 옷을 입은
joy 기쁨
pleasure 즐거움

❷ 「부사(구) + 자동사 + 명사주어」

(1) 의의

장소, 방향, 출처 부사구가 앞으로 나오면 「부사(구) + 자동사 + 명사주어」의 어순이 된다.

(2) 예문

· **On the platform** was a woman in a black dress.
  단상 위에 검은 드레스를 입은 여자가 있었다.

❸ 「형용사보어 / 현재분사 / 과거분사 + be 동사 + 주어」

(1) 의의

「be 동사」 다음의 「형용사 보어, 현재분사 또는 과거분사」가 문장 앞으로 나오면 「주어 + be 동사」가 도치된다.

(2) 예문

· **Happy** are those who find joy and pleasure in helping others.
  남을 돕는 데서 기쁨과 즐거움을 찾는 사람들은 행복하다.

UNIT 2 | 주요 도치 구문

어구
cultivate 재배하다
tobacco 담배
develop 발전시키다
recognize 알아보다, 인정하다
seriousness 심각성
financial crisis 금융위기

❶ 「부정 부사구 / 부정 부사절」의 도치

(1) 「not until + 명사」 또는 「not until + 주어 + 동사」의 도치

「not until + 명사」는 「~서야」라고 해석하고 「not until + 주어 + 동사」는 「주어가 ~ 하고 서야」라고 해석한다. 「not until + 명사」 또는 「not until + 주어 + 동사」가 문장 앞으로 나오면 그 뒤에 「주어 + 동사」가 도치된다.

· **Not until they began cultivating tobacco** could they develop their country.
그들이 담배를 재배하기 시작하고 나서야 그들은 자신의 나라를 발전시킬 수 있었다.

(2) 「only + 부사(구)」 또는 「only + 부사절」의 도치

「only + 부사(구)」 또는 「only + 부사절」이 문장 앞으로 나오면 그 뒤에 「주어 + 동사」가 도치된다.

· **Only after the meeting** did he recognize the seriousness of the financial crisis.
그 회의 후에야 그는 금융 위기의 심각성을 알아차렸다.

> **어구**
> run away 달아나다
> modest 겸손한
> polite 예의바른, 공손한

(3) 「~하자마자 ~하다」 구문의 도치

① 「no sooner ~ than ~ (~하자마자 ~하다)」 구문에서의 도치

「no sooner」가 문장 앞으로 나오면, 그 뒤 「주어 + 동사」가 도치된다.

- He had no sooner seen her than he ran away.
- **No sooner** had he seen her **than** he ran away.
  그는 그녀를 보자마자 달아났다.

② 「hardly(scarcely) ~ when(before) ~ (~하자마자 ~하다)」 구문에서의 도치

「hardly(scarcely)」가 문장 앞으로 나오면, 그 뒤 「주어 + 동사」가 도치되어 의문문의 어순과 동일하게 된다.

- He had hardly seen her when he ran away.
- **Hardly** had he seen her **when** he ran away.
  그는 그녀를 보자마자 달아났다.

(4) 「not only A but also B」 구문의 도치

「not only」가 문장 앞으로 나오면, 그 뒤 「주어 + 동사」가 도치된다.

- **Not only** is she modest, **but** she is **also** polite.
  그녀는 겸손할 뿐 아니라, 예의도 바르다.

❷ 「so 형용사 / so 부사」의 도치

(1) 「so 형용사」의 도치

「so 형용사」가 문장 앞으로 나오면, 그 뒤 「주어 + 동사」가 도치된다.

- **So great** was her change **that** even her father didn't recognize her.
  그녀의 변화가 너무나 커서 그녀의 아버지조차도 그녀를 알아보지 못했다.

(2) 「so 부사」의 도치

「so 부사」가 문장 앞으로 나오면, 그 뒤 「주어 + 동사」가 도치된다.

- **So vigorously** did he protest **that** they reconsidered his case.
  그가 너무 격렬하게 항의해서 그들은 그의 사건을 재고했다.

어구

recognize 알아보다, 인정하다
vigorously 격렬하게
protest 항의, 항의하다
reconsider 재고하다
case 사건, 사례

어구
flavor 맛
allium vegetable 파속 채소
replicate 복제하다
benefit 혜택, 이익

❸ 「~도 마찬가지다」 구문의 도치

(1) 긍정문에서 「~도 마찬가지다」 구문

「so + 동사 + 주어」의 형태로 쓰며, 여기서 「동사」는 앞에 있는 동사에 맞추어 「be 동사, 대동사 do, 조동사」를 쓴다.

- Jane went to the movies, and **so did her sister**.
  제인은 영화를 보러 갔고, 그녀의 여동생도 마찬가지였다.

(2) 부정문에서 「~도 마찬가지다」 구문

「neither + 동사 + 주어」의 형태로 쓰며, 여기서 「동사」는 앞에 있는 동사에 맞추어 「be 동사, 대동사 do 또는 조동사」를 쓴다.

- The flavor of allium vegetables can not be replicated, and **neither can their health benefits**.
  파속 채소들의 맛은 복제될 수 없고, 그것들의 건강상의 이익도 마찬가지다.

④ 「as / than 절」에서의 도치

(1) 의의

「~처럼, ~만큼」이라는 의미의 접속사 「as」 다음에, 또는 「~보다」이라는 의미의 접속사 「than」 다음에, 「명사주어」가 있고 동사가 「be 동사, 대동사 do 또는 조동사」일 때, 주어와 동사는 도치될 수 있다.

(2) 예문

- The sea has its currents, as do the river and the lake.
  바다는 강과 호수가 그러한 것처럼 흐름을 가지고 있다.

- The new administration paid more attention to the problems of workers than did the previous administration.
  새 행정부는 이전 행정부가 그런 것보다 근로자 문제에 더 많은 주의를 기울였다.

어구

current 흐름
administration 행정부
pay attention to ~에 주의를 기울이다
previous 이전의

UNIT 3 | 강조 구문

❶ 「it is ~ that ~」강조 구문

(1) 의의

「it is ~ that ~」 강조 구문은 「it」과 「be 동사」사이에 「강조대상」을 넣고 「that」 다음에 문장의 나머지 부분을 넣어서 배열한 구문이다. 여기서 강조대상은 「주어」, 「목적어」, 「부사적 수식어」 등이며, 「~한 것은 바로 ~이다」로 해석한다.

강조대상이 사람명사일 경우에는 「that」대신에 「who 또는 whom」을, 동식물이나 사물명사일 경우에는 「which」를, 장소부사이면 「where」를, 시간부사이면 「when」으로 바꿔 쓸 수 있다.

(2) 강조 구문을 만드는 예시

· Smith met the girl in the park yesterday.
스미스는 어제 공원에서 그 소녀를 만났다.

① 주어 강조

· It was Smith that(who) met the girl in the park yesterday.
어제 공원에서 그 소녀를 만난 것은 스미스였다.

② 목적어 강조

· It was the girl that(whom) Smith met in the park yesterday.
스미스가 어제 공원에서 만난 것은 그 소녀였다.

③ 장소 부사적 수식어 강조

- It was in the park that(where) Smith met the girl yesterday.
  스미스가 어제 그 소녀를 만난 것은 공원에서였다.

④ 시간 부사적 수식어 강조

- It was yesterday that(when) Smith met the girl in the park.
  스미스는 공원에서 그 소녀를 만난 것은 어제였다.

어구

not A but B A가 아니라 B
talent 재능
passion 열정
lead 이끌다, 인도하다
realize 깨닫다, 알아차리다
lose 잃다
wallet 지갑

(3) 예문

- It is not talent but passion that leads you to success.
  당신을 성공으로 이끄는 것은 재능이 아니라 열정이다.

- It was not until he called me that I realized I had lost my wallet.
  내가 지갑을 잃은 것을 안 것은 그가 나에게 전화하고 나서였다.

어구

fill out 작성하다
application 지원서
insist on ~을 고집하다
perfection 완벽

❷ 「재귀대명사」 강조와 「부정문」의 강조

(1) 재귀대명사의 강조용법

주어나 목적어를 강조하기 위해 강조하는 말 「바로 뒤」 또는 「문장 맨 뒤」에 재귀 대명사를 쓸 수 있으며, 이 때 재귀대명사는 「직접」이라고 해석하면 된다.

- You yourself have to fill out the application.
  네가 직접 지원서를 작성해야 한다.

(2) 부정문의 강조

부정문은 「at all, a bit, whatever, in the least 등」을 이용해 강조하며 「전혀 ~아닌」 또는 「조금도 ~아닌」 이라는 의미를 지니게 된다.

- If you insist on perfection in everything you do, you will not do anything at all.
  당신이 하는 모든 일에 완벽을 고집한다면, 전혀 아무것도 하지 못할 것이다.

/ MEMO /

품사론

친절한영어 기본을 완성하는 문법

Chapter 01 　 문법의 기본구조

Chapter 02 　 동사의 수

Chapter 03 　 동사의 시제

Chapter 04 　 동사의 종류

Chapter 05 　 동사의 태

Chapter 06 　 조동사

Chapter 07 　 가정법

Chapter 08 　 to부정사

Chapter 09 　 동명사

Chapter 10 　 분사

Chapter 11 　 등위접속사와 병치

Chapter 12 　 명사절 접속사

Chapter 13 　 관계사

Chapter 14 　 부사절 접속사

Chapter 15 　 비교 구문

Chapter 16 　 도치 구문과 강조 구문

Chapter 17 　 명사, 관사, 대명사

Chapter 18 　 형용사, 부사, 전치사

명사, 관사, 대명사

UNIT 1 명사와 관사
UNIT 2 대명사

어구

beyond imagination 상상할 수 없는
common 평범한, 흔한
actor 배우
of interest 흥미를 끄는, 흥미로운

UNIT 1 | 명사와 관사

❶ 명사의 자리

(1) 의의

명사는 주어 자리, 타동사의 목적어, 전치사의 목적어, 동격보어 자리에 위치한다.
특히 「전치사의 목적어」 자리에 명사가 오는 것이 출제될 수 있다.

(2) 예문

- It was beyond imagine that a common actor would be of interesting in the future. (X)
- It was beyond imagination that a common actor would be of interesting in the future. (O)

  평범한 배우가 미래에 흥미를 끌 것이라는 것은 상상할 수 없었다.

❷ 명사의 종류

(1) 의의

명사는 「셀 수 있는 명사(가산명사)」와 「셀 수 없는 명사(불가산명사)」로 나눌수 있다.

가산명사의 경우, 문장에서 쓰일 때 한정사와 함께 쓰거나 복수형을 써야 한다. 그리고 「many, few」등 수를 의미하는 형용사와 함께 쓸 수 있다.

불가산명사의 경우, 「하나」라는 의미를 지니는 부정관사(a, an)와 함께 쓸 수 없고, 「여럿」을 의미하는 복수형을 쓸 수도 없다. 그리고 「much, little」 등 양을 의미하는 형용사와 함께 쓸 수 있다. 불가산명사에는 baggage(짐), luggage(짐), information(정보), furniture(가구), homework(숙제), equipment(장비), advice(충고), evidence(증거) 등이 있다.

(2) 예문

· Pat bought expensive book for his younger brother. (X)
· Pat bought an expensive book for his younger brother. (O)
· Pat bought expensive books for his younger brother. (O)
Pat은 자신의 동생에게 비싼 책을 사 주었다.

· My sister was upset because she had to do too many homeworks. (X)
· My sister was upset because she had to do too much homework. (O)
내 여동생은 너무 많은 숙제를 해야 했기 때문에 화가 났다.

어구

younger brother 남동생
upset 화난, 속상한
have to do ~해야 하다

❸ 명사의 수

어구
emotional 정서적인
stability 안정감
firmly 강하게
not so ~ as to do ~할 만큼 그렇게 ~하지 않은
cause 야기하다
pain 고통
the other person 상대방

(1) 「숫자 + 단위명사 + 명사」

2 이상의 숫자 다음에 명사가 올 때 복수형을 쓰는 것이 원칙이지만 「숫자 + 단위 명사 + 명사」의 형태에서 단위명사는 단수형을 쓴다.

· Richard Wagner is **ten year** old. (X)
· Richard Wagner is **ten years** old. (O)
  리차드 바그너는 10살이다.

· Richard Wagner had the emotional stability of a **ten-years-old child**. (X)
· Richard Wagner had the emotional stability of a **ten-year-old child**. (O)
  리차드 바그너는 10살 아이의 정서적 안정감을 가지고 있었다.

(2) 상호 복수

교환이나 상호관계를 나타낼 때 명사의 복수형을 쓴다.

shake hands(악수하다), exchange seats(자리를 바꾸다), change cars(차를 갈아타다), take turns(교대로 하다) 등이 있다.

· One should **shake hand** firmly, but not so strongly as to cause pain to the other person. (X)
· One should **shake hands** firmly, but not so strongly as to cause pain to the other person. (O)
  사람은 악수를 강하게 해야 하지만, 상대방에게 고통을 줄 만큼 강하게는 아니다.

❹ 명사의 격

(1) 명사의 격의 종류

「격」에는 주어 또는 주격보어 자리에 오는 주격, 목적어와 목적격 보어 자리에 오는 목적격, 「~의」라는 의미의 소유격, 「~의 것」이라는 의미의 소유대명사 등이 있다. 사람과 동물의 소유격은 원칙적으로 명사에 「's」를 붙인다. 무생물의 소유격은 원칙적으로 전치사 「of」를 쓴다.

명사의 경우 주격과 목적격은 그 형태가 동일하다. 사람 명사의 경우에는 소유격과 소유대명사의 형태가 동일하다.

(2) 예문

- **Tom** is kind. Tom은 친절하다.
- She likes **Tom**. 그녀는 Tom을 좋아한다.

- This is **Tom's** camera. 이것은 Tom의 카메라이다.
- This is **Tom's**. 이것은 Tom의 것이다.

> **어구**
> at the speed of ~의 속도로
> require 필요로 하다, 요구하다
> tend 돌보다
> wounded 부상당한
> as far as ~까지
> take a bus 버스를 타다

❺ 관사의 종류

(1) 부정관사

부정관사는 정해지지 않은 단수 가산명사 앞에 쓰며, 「하나, 어떤, 약간, 같은, 마다」등의 의미를 지닌다. 그 중 「같은」, 「마다」의 의미가 가끔 출제된다.

- Two girls of an age are not always of a mind.
  같은 나이의 두 소녀라고 해서 반드시 생각이 같은 것은 아니다.

- The train ran at the speed of 40 miles an hour.
  그 기차는 한 시간에 40마일의 속도로 달렸다.

(2) 정관사

정관사는 명사의 종류 및 단/복수에 관계없이 정해진 명사 앞에 쓴다.
「the + 형용사 또는 분사」가 복수 보통명사의 역할을 가지면서 「~인 사람들」이라는 의미로 가끔 출제된다.

- More doctors are required to tend sick and wounded. (X)
- More doctors are required to tend the sick and wounded. (O)
  환자들과 부상자들을 돌보기 위해 더 많은 의사가 필요했다.

6 관사의 생략 및 위치

어구
as far as ~까지
take a bus 버스를 타다
so 그렇게
such 그런, 그렇게

(1) 관사의 생략

가산명사이지만 일정한 경우「관사 없이」, 「단수형」으로 쓰이는데, 이를 「관사의 생략」이라고 한다. 「by + 교통수단명사」, 「식사 이름」, 「장소명사가 본래의 목적으로 쓰일 때」 등이 있다.

- We'll go by train as far as London, and then take a bus.
  우리는 런던까지 기차로 가서, 그런 다음에는 버스를 탈 것이다.

(2) 관사의 위치

원칙적으로 「관사 + (부사) + (형용사) + 명사」의 어순을 취한다.
부사 so, as, too 등이 있을 때에는 「so / as / too + 형용사 + a + 명사」의 어순을, 전치한정사인 such, what 등이 있을 때에는 「such / what + a + 형용사 + 명사」의 어순이 된다.

- Jane is a very beautiful woman.
  Jane은 매우 아름다운 여성이다.

- I have never seen so beautiful a woman.
- I have never seen such a beautiful woman.
  나는 그렇게 아름다운 여성을 본적이 없다.

어구
nothing but 단지
argument 논쟁, 말다툼

UNIT 2 | 대명사

❶ 인칭대명사

(1) 인칭대명사의 주격과 목적격의 구별

타동사의 목적어, 전치사의 목적어 자리에 대명사의 주격이 아닌 「목적격」을 쓴다.

· Between she and her husband there have been nothing but arguments. (X)
· Between her and her husband there have been nothing but arguments. (O)
  그녀와 그녀의 남편 사이에는 단지 말다툼만이 있었다.

(2) 소유대명사

소유대명사는 「소유격 + 명사」를 대신한다. 특히 비교대상이 「소유격 + 명사」일 때 소유대명사를 찾는 문제가 출제된다.

· Your son's hair is the same color as you. (X)
· Your son's hair is the same color as yours. (O)
  당신 아들 머리는 당신 머리와 같은 색깔이다.

(3) 재귀대명사

재귀대명사는 재귀용법이 종종 출제된다. 주어 또는 의미상 주어가 목적어와 동일한 경우 목적어 자리에 목적격이 아닌 재귀대명사를 쓴다.

- I can introduce **me** to foreigners in English. (X)
- I can introduce **myself** to foreigners in English. (O)
    나는 나 자신을 외국인들에게 영어로 소개할 수 있다.

- A diet rich in fruit and vegetables helps the knee repair **it**. (X)
- A diet rich in fruit and vegetables helps the knee repair **itself**. (O)
    과일과 야채가 풍부한 식단은 무릎이 스스로 회복하는 것을 돕는다.

(4) 대명사와 명사의 수일치

앞의 명사를 대신하는 대명사를 쓸 때, 앞의 명사가 단수이면 대명사도 단수를, 앞의 명사가 복수이면 대명사도 복수를 쓴다.

- It is the nature of men that whenever they see profit, they cannot help chasing after **them**. (X)
- It is the nature of men that whenever they see profit, they cannot help chasing after **it**. (O)
    이득을 볼 때마다, 그것을 추구할 수밖에 없다는 것은 인간의 본성이다.

어구

introduce 소개하다
foreigner 외국인
diet 식단
rich in ~에 풍부한
vegetable 채소
repair 회복하다, 수리하다
nature 본성
whenever ~할 때마다
profit 이익
cannot help ~ing ~할 수 밖에 없다
chase 추구하다, 쫓다

어구
population 인구
interested in ~에 관심이 있는
history 역사
visit 방문하다
the National Museum 국립박물관

② 지시대명사

(1) 대명사 that / those

① 앞에 언급된 명사를 대신하는 「that / those」

뒤에 「수식어구」를 가지면서 앞에 언급된 명사를 대신할 때, 명사가 단수라면 that을, 복수라면 those를 쓴다.

- The population of Korea is much larger than the Philippines. (X)
- The population of Korea is much larger than that of the Philippines. (O)

한국의 인구는 필리핀의 인구보다 훨씬 더 크다.

② 「~하는 사람들」이라는 의미의 those

「those ~」는 뒤에 수식어를 가지면서, 「~하는 사람들」이라는 의미로 쓰이는 경우가 많다.

- Those interested in the country's history can also visit the National Museum.

그 나라의 역사에 관심이 있는 사람들은 또한 국립 박물관을 방문할 수 있다.

(2) 대명사 it

① 지시대명사 it

앞에 나온 정해진 대상인 명사를 대신하거나 구 또는 절을 대신한다.

· I bought a book yesterday, and gave it to my son.
나는 책 한 권을 샀다. 그리고 그것을 내 아들에게 주었다.

② 「가주어 it」과 「가목적어 it」

주어가 부정사, 명사절인 경우 주어자리에 「가주어 it」을 쓰고 「진짜 주어」를 문장 뒤로 보낼 수 있다. 5형식 문장에서 목적어가 부정사, 명사절인 경우 「가목적어 it」을 「진짜 목적어」를 목적보어 뒤로 보낸다.

· I took it for granted that he would win the race.
나는 그가 경주에서 이길 거라는 걸 당연하게 여겼다.

③ 「비인칭 주어 it」과 「상황 it」

날씨, 계절, 시간, 거리 등을 나타낼 때 아무런 뜻이 없는 「비인칭 주어 it」을 막연한 상황을 나타낼 때 「상황 it」을 쓸 수 있다.

· It has been raining since last night.
어젯밤부터 계속 비가 오고 있다.

· Let's call it a day.
그만 마치자.

· It seems that a heater in the garage caught fire while he was asleep.
그가 자고 있는 동안 차고에 있는 난방기에 불이 붙은 것 같다.

어구

take it for granted that절 ~을 당연한 것으로 여기다
call it a day 하루를 마치다
it seems that절 ~인 것 같다
garage 차고, 정비 공장
catch fire 불이 붙다
asleep 잠이 든, 자고 있는

> **어구**
> vacuum cleaner 진공청소기
> make money 돈을 벌다
> A is one thing and B is another A와 B는 별개의 것이다.

③ 부정대명사

(1) one과 ones

one은 정해지지 않은 단수가산명사를 대신하고, ones는 복수명사를 대신한다.

· I'd like to buy a vacuum cleaner, so would you show me one?
나는 진공청소기를 사고 싶은데, 나에게 하나 보여주겠습니까?

(2) another

앞서 언급된 것 이외의 「또 다른 하나」를 의미한다.

· I don't like this; show me another.
나는 이것이 마음에 들지 않습니다. 또 다른 하나를 보여 주세요.

· To work is one thing, and to make money is another.
일하는 것과 돈 버는 것은 별개의 것이다.

(3) other와 others

other는 형용사로「복수가산명사」또는「단수불가산명사」와 결합하여 쓰이며, 앞서 언급된 것 이외의「다른」을 의미한다. others는 대명사로「다른 사람들 또는 다른 것들」을 의미한다.

- Some students are from Mexico, and other students are from Brazil.
  어떤 학생들은 멕시코 출신이고, 다른 학생들은 브라질 출신이다.

- Some people burn calories faster than others.
  어떤 사람들은 다른 사람들보다 칼로리를 더 빨리 소모시킨다.

어구
be from ~출신이다
burn 태우다, 소모시키다
deaf 귀가 먹은
hearing 청력

(4) the other와 the others는「나머지」를 의미한다.

나머지가 하나일 때에는「the other」또는「the other + 단수명사」를 쓰고, 나머지가 여럿일 때에는「the others」또는「the other + 복수명사」를 쓴다.

- Julia Adams was almost totally deaf in one ear and had weak hearing in another. (X)
- Julia Adams was almost totally deaf in one ear and had weak hearing in the other. (O)
  Julia Adams는 한 귀는 거의 완전히 청력을 잃었고, 나머지 귀도 청력이 약했다.

> **어구**
> scorpion fish 스콜피언 피시, 쏨뱅이
> poisonous 독이 있는
> confidence 자신감
> take (시간이) 걸리다

❹ 주요 대명사 표현

(1) 부분부정과 전체부정

① 부분부정

「all / every」를 부정하면 부분부정이 되어 「모두 ~한 것은 아니다」라는 의미가 되며, 「both」를 부정하면 역시 부분부정이 되어 「둘 다 ~한 것은 아니다」라는 의미가 된다. 「always, necessarily」등을 부정하는 경우에도 부분부정이 되어 「반드시 ~한 것은 아니다」라는 의미가 된다.

· There are about 250 kinds of scorpion fish. Luckily, not all are poisonous.
대략 250종의 스콜피언 피시가 있다. 다행스럽게도, 모두가 독이 있는 것은 아니다.

· The rich are not always happy.
부자들이 항상 행복한 것은 아니다.

② 전체부정

「either, any」를 부정하면 전체부정이 된다.

· She did not have any confidence in her work.
그녀는 자신의 일에 대한 아무런 자신감도 없었다.

(2) 「It takes + 사람 + 시간 + to 부정사」 ~가 ~하는데 ~의 시간이 걸리다
= 「It takes + 시간 + for 사람 + to 부정사」

· It took me 40 years to write my first book.
· It took 40 years for me to write my first book.
내가 나의 첫 책을 쓰는 데 40년이 걸렸다.

(3) 부정 형용사 every

every는 명사 앞에서 형용사로 쓰여, 「모든」이라는 의미를 가지며 원칙적으로 단수명사와 결합한다. 다만 「~마다」라는 의미로 쓰일 때 「every + 기수 + 복수 명사」를 쓰며 「every + 서수 + 단수명사」와 바꿔 쓸 수 있다.

> **어구**
> **employee** 직원
> **donate blood** 헌혈하다
> **garbage** 쓰레기
> **collect** 모으다, 수거하다

- Every employees has donated his or her blood. (X)
- Every employee has donated his or her blood. (O)
  모든 직원이 헌혈했다.

- Garbage is collected every two days.
- Garbage is collected every second day.
- Garbage is collected every other day.
  쓰레기는 이틀마다 수거된다.

(4) 앞서 언급한 절을 대신하는 so와 not

think(생각하다), believe(생각하다), hope(바라다), be afraid(유감스러워하다) 등 뒤에서 이미 언급된 절을 반복하지 않고 그대로 대신할 때에는 so로, 부정으로 대신할 때에는 not을 쓴다.

- A: Will he die? 그가 죽을까요?
- B: I am afraid so. 유감스럽지만 그렇습니다.
  I hope not. 그러지 않기를 바랍니다.

친절한영어 기본을 완성하는 문법

형용사, 부사, 전치사

- UNIT 1 형용사와 부사
- UNIT 2 전치사

어구

taste ~한 맛이 나다
lack 부족
oxygen 산소
unconscious 의식을 잃은
presentation 발표
throughout ~내내
conference 회의

UNIT 1 | 형용사와 부사

문장에서의 역할에 따라 형용사와 부사를 구별하는 문제가 출제된다.

❶ 형용사 vs 부사

(1) 형용사의 역할

형용사는 「주격보어」와 「목적보어」의 역할, 그리고 명사를 수식하는 「형용사적 수식어」의 역할을 한다.

① 주격보어

· Korean apples taste wonderfully. (X)
· Korean apples taste wonderful. (O)
  한국 사과는 맛이 좋습니다.

② 목적보어

· The lack of oxygen in the air would make people unconsciously. (X)
· The lack of oxygen in the air would make people unconscious. (O)
  공기 중에 산소의 부족은 사람들이 의식을 잃게 만들 것이다.

③ 명사 수식

· She took carefully notes of all presentations throughout the conference. (X)
· She took careful notes of all presentations throughout the conference. (O)
  그녀는 회의 내내 모든 발표들에 대해 세심한 메모를 했다.

(2) 부사의 역할

부사는 명사 수식이 아닌 그 외 모든 수식어의 역할을 한다. 특히 「동사 수식」과 「형용사 수식」의 역할을 하는 부사가 출제된다.

① 동사 수식

· We can <u>subtle</u> settle into what is overly familiar and routine. (X)
· We can <u>subtly</u> settle into what is overly familiar and routine. (O)
  우리는 지나치게 친숙하고 틀에 박힌 것에 미묘하게 안주할 수 있다.

· We hope Mr. Park will <u>run</u> his department as efficient as he can. (X)
· We hope Mr. Park will <u>run</u> his department as efficiently as he can. (O)
  우리는 미스터 박이 자신의 부서를 가능한 한 효율적으로 운영하기를 바란다.

② 형용사 수식

· We need an unusual gifted chemist to solve this problem. (X)
· We need an unusually gifted chemist to solve this problem. (O)
  우리는 이러한 문제를 해결하기 위해 특별히 재능 있는 화학자를 필요로 한다.

· She would like to be financial independent. (X)
· She would like to be financially independent. (O)
  그녀는 경제적으로 독립하고 싶어 한다.

어구

subtly 미묘하게
settle into ~에 안주하다, 자리 잡다
overly 지나치게
familiar 친숙한
routine 일상적인, 틀에 박힌
run 운영하다
department 부서
efficiently 효율적으로
unusually 특별하게
gifted 재능 있는
chemist 화학자
solve 풀다, 해결하다
would like to do ~하고 싶어 하다
financially 경제적으로, 재정적으로
independent 독립한

❷ 수량 형용사

어구
immigrant 이민자
pass through ~을 통과하다
plant 식물, 초목, 나무
soil 토양
have to do ~해야 하다
fairly 상당히
fertile 비옥한

(1) 수를 나타내는 표현

수를 나타내는 many(많은), a large number of(많은), few(거의 없는), a few(약간 있는), quite a few(상당수의)는 복수 가산명사와 결합하여 쓰인다.

- A huge amount of immigrants passed through the Great Hall on Ellis Island between 1892 and 1954. (X)
- A huge number of immigrants passed through the Great Hall on Ellis Island between 1892 and 1954. (O)
  엄청나게 많은 이민자들이 1892년에서 1954년 사이에 엘리스 섬의 그레이트 홀을 통과했다.

(2) 양을 나타내는 표현

양을 나타내는 much(많은), a large deal of(많은), a large amount of(많은), little(거의 없는), a little(약간 있는), quite a little(상당양의)는 단수 불가산명사와 결합하여 쓰인다.

- Although pineapple plants need few water, the soil has to be fairly fertile. (X)
- Although pineapple plants need little water, the soil has to be fairly fertile. (O)
  파인애플이 물을 거의 필요로 하지 않지만, 그 토양은 상당히 비옥해야 한다.

(3) 수와 양을 모두 나타낼 수 있는 표현

a lot of(많은), lots of(많은), some(약간의), any(약간의) 등은 수와 양 모두를 나타내며, 복수 가산명사 또는 단수 불가산명사와 결합하여 쓰일 수 있다.

- **A lot of** teens have been hit by passing cars while texting.
  많은 십대들이 문자메시지를 보내는 동안 지나가는 자동차에 받혔다.

- She spends **a lot of** money on buying clothes.
  그녀는 옷을 사는 데 많은 돈을 쓴다.

어구

passing 지나가는
while ~동안
text 문자를 보내다
spend 쓰다, 지출하다

> **어구**
> employee 직원
> increase 증가하다

❸ 주요 형용사와 부사 표현

(1) 형태를 주의할 형용사와 부사

① –ly형태를 가진 주의할 형용사

friendly(다정한), manly(남자다운) lovely(아름다운, 사랑스러운), costly(값비싼), likely(그럴 것 같은) 등은 형용사의 역할을 한다.

· She looks as lovely as a rose.
  그녀는 장미만큼 아름다워 보인다.

② 형태를 주의할 부사

· late 「늦게」   · lately 「최근에」
· hard 「열심히」   · hardly 「거의 ~않는」
· deep 「깊게(깊이)」   · deeply 「깊게(정도)」
· close 「가깝게(공간)」 · closely 「면밀하게, 밀접하게(정도)」

· The number of employees who come late has lately increased.
  늦게 오는 직원들의 수가 최근에 증가했다.

· He doesn't hardly work. (X)
· He hardly works. (O)
  그는 거의 일하지 않는다.

(2) **혼동하기 쉬운 「so」와 「such」**

부사 so는 원칙적으로 형용사 또는 부사를 수식하며 명사와 함께 쓰지 않는다. 다만 예외적으로 「so + 형용사 + a + 명사」와 「so + 수량형용사(many, much, few, little) + 명사」의 경우에는 명사와 함께 쓸 수 있다. 형용사 또는 한정사로 쓰이는 such는 명사와 결합하여 쓸 수 있다.

> **어구**
> busy 바쁜, 분주한
> additional 추가적인
> go for a walk 산책하러 가다
> score a point 득점하다

- The store was so busy that it had to hire additional part-time workers. (O)
- The store was such busy that it had to hire additional part-time workers. (X)

  그 가게는 너무나 바빠서, 추가 파트타임 근로자를 고용해야 했다.

- It was such fine weather that we went for a walk. (O)
- It was so fine weather that we went for a walk. (X)

  날씨가 너무 좋아서 우리는 산책하러 나갔다.

- He is such a tall player that he can score points easily. (O)
- He is so tall a player that he can score points easily. (O)

  그는 키가 너무나 큰 선수여서 쉽게 득점할 수 있다.

> **어구**
> fire department 소방서

(3) 혼동하기 쉬운 부사

① already / yet / still

- already 「이미(긍정문)」, 「이미(의문문/놀람)」
- yet 「아직(부정문/not 뒤)」, 「이미(의문문)」
- still 「아직도(부정문/not 앞)」, 「여전히, 아직도(긍정문, 의문문)」

- As soon as I saw the smoke, I called the fire department, but they haven't arrived already. (X)
- As soon as I saw the smoke, I called the fire department, but they haven't arrived yet. (O)
  나는 연기를 보자마자, 소방서에 전화를 했지만, 그들은 아직 도착하지 않았다.

② 부사로 쓰이는 home 등

home(집으로), downtown(시내로), abroad(해외로), somewhere(어딘가로), upstairs(위층으로) 등은 자체로 부사로 쓰일 수 있으며 이러한 경우 관사 또는 전치사 to와 함께 쓰지 않는다.

- He went to home. (X)
- He went the home. (X)
- He went home. (O)
  그는 집으로 갔다.

(4) 혼동하기 쉬운 부사의 위치

① 부사 enough

enough가 「부사」로서 「형용사나 다른 부사」를 수식할 때에는 뒤에서 수식한다.

· You don't see them until the changes are enough substantial for you to notice. (X)
· You don't see them until the changes are substantial enough for you to notice. (O)
변화들이 네가 알아차릴 만큼 충분히 상당해지고 나서야 너는 그것들을 본다.

② 「타동사 + 대명사 목적어 + 부사」

「타동사 + 부사」가 대명사 목적어를 가질 때, 대명사 목적어는 그 사이에 위치해야 한다.

· Beethoven proposed marriage to her, but she turned down him. (X)
· Beethoven proposed marriage to her, but she turned him down. (O)
베토벤이 그녀에게 청혼을 하였지만, 그녀는 그를 거절했다.

어구

substantial 상당한
enough 충분히
notice 알아차리다
propose marriage 청혼하다
turn down 거절하다

UNIT 2 | 전치사

① 전치사 vs 접속사

(1) 의의

부사적 수식어에는 부사, 부사구, 부사절이 있다. 「전치사」는 명사와 결합하여 「전치사 + 명사」의 형태로 부사구를 만들고, 「부사절 접속사」는 완전한 절과 결합하여 「부사절 접속사 + 주어 + 동사 ~」의 형태로 부사절을 만든다.

(2) 주요 전치사와 접속사의 구별

전치사	접속사
despite(~에도 불구하고)	although(비록 ~이지만), though(비록 ~이지만)
because of(~이기 때문에)	because(~이기 때문에)
during(~중에)	while(~동안, ~이지만)

(3) 예문

① 「전치사 + 명사」

· ~~Although~~ all the mistakes I had made, he still trusted me. (X)
· Despite all the mistakes I had made, he still trusted me. (O)
내가 저지른 모든 실수에도 불구하고, 그는 여전히 나를 신임했다.

② 「부사절 접속사 + 주어 + 동사 ~」

· Sometimes, fire precautions are ignored ~~because of~~ people have their minds on other problems. (X)
· Sometimes, fire precautions are ignored because people have their minds on other problems. (O)
때때로, 사람들이 다른 문제들을 늘 마음에 두기 때문에, 화재 예방책들이 무시된다.

어구

mistake 실수
trust 신임하다, 믿다
precaution 예방책
ignore 무시하다
have one's mind on ~을 늘 마음에 두다
other 다른

어구
occupy 점령하다, 차지하다 enemy 적, 적군 stay 머무르다 bar 술집 chapter 장

② 주요 전치사 표현

(1) 기간을 나타내는 전치사 「for」와 「during」

- 「for + 기간」 「~동안」이라는 의미로 「지속기간」을 나타낸다.
- 「during + 기간」 「~중에」라는 의미로 「언제」인지를 나타낸다.

- It has been raining **for three hours**.
  세 시간 동안 비가 내리고 있다.

- **During the war** their lands were occupied by the enemy.
  전쟁 중에 그들의 땅이 적군에 점령당했다.

(2) 시점을 나타내는 전치사 「until」와 「by」

- 「until + 시점」 「~까지」라는 의미로 「계속」을 나타낸다.
- 「by + 시점」 「~까지」라는 의미로 「완료」를 나타낸다.

- We stayed at the bar **until 4:00 AM**.
  우리는 오전 4시까지 술집에 머물렀다.

- We must read the next chapter **by tomorrow**.
  우리는 내일까지 다음 장을 읽어야 한다.

(3) 「beside」와 「besides」

- 「beside + 명사」   ~의 옆에
- 「besides + 명사」   ~외에

- He sat beside her all night.
  그는 밤새 그녀 옆에 앉아 있었다.

- Besides literature, we have to study history and philosophy.
  문학 외에, 우리는 역사와 철학을 공부해야 한다.

어구

all night 밤새
have to do ~해야 하다
philosophy 철학
value 소중히 여기다
privacy 프라이버시, 사생활
try to do ~하려고 하다
avoid 피하다
fatty 지방이 많은
such as ~와 같은

(4) 「전치사 like」

전치사 like는 명사와 결합하여 「like + 명사」의 형태로 「~와 비슷한, ~처럼, ~와 같은(예시)」 등의 의미로 쓰인다.

- Mary is like her mother.
  Mary는 그녀와 엄마와 닮았다.

- Like other people, he values his privacy.
  다른 사람들처럼, 그도 자신의 프라이버시를 소중하게 여긴다.

- Try to avoid fatty foods like cakes and biscuits.
- Try to avoid fatty foods such as cakes and biscuits.
  케이크와 비스킷과 같은 지방이 많은 음식을 피하려고 하세요.

어구
traffic accident 교통사고
carelessness 부주의
light 빛

(5) 「동사, 형용사, 명사」관련 주요 전치사

① 동사 관련 전치사

- 「result in + 결과」 ~를 낳다, 야기하다
- 「result from + 원인」 ~에 기인하다, 때문이다
- 「dwell on」 ~를 깊이 생각하다
- 「dwell in」 ~에 살다
- 「count on」 ~를 의지하다
- 「turn to」 ~를 의지하다

· Most traffic accidents **result from** drivers' carelessness.
대부분의 교통사고는 운전자의 부주의에 기인한다.

② 형용사 관련 전치사

- 「familiar with + 사물」 ~에 익숙한
- 「familiar to + 사람」 ~에게 익숙한
- 「responsible for」 ~에 책임이 있는
- 「sensitive to」 ~에 민감한
- 「similar to」 ~와 비슷한

· Cats' eyes are much more **sensitive to** light than human eyes.
고양이의 눈은 인간의 눈보다 훨씬 빛에 민감하다.

③ 명사 관련 전치사
- 「access to」 　　　~에의 접근
- 「key to」 　　　　~의 열쇠
- 「damage to」 　　~에 대한 피해
- 「objection to」 　 ~에 대한 반대
- 「effect on」 　　　~에 대한 영향
- 「emphasis on」 　~에 대한 강조
- 「increase in」 　　~에의 증가
- 「interest in」 　　 ~에 대한 관심

어구
social 사회적인
connection 연결
key 열쇠, 중요한
solve 해결하다, 풀다
voting puzzle 투표 퍼즐

- Social connections may be the **key to** solving the voting puzzle.
  사회적인 연결이 투표 퍼즐을 해결하는 열쇠가 될 수 있다.

MEMO

/ MEMO /

MEMO

MEMO

MEMO

MEMO

기본을
완성하는
문법

초판발행 2021년 09월 30일
편저자 제석강
발행인 양승윤
발행처 ㈜용감한컴퍼니
등록번호 제2016-000098호
전화 070-4603-1578
팩스 070-4850-8623
이메일 cs@bravecompany.net
ISBN 979-11-6743-087-8
정가 17,000원

이 책은 ㈜용감한컴퍼니가 저작권자와의 계약에 따라 발행한 것이므로
본사의 허락 없이는 어떠한 형태나 수단으로도 이 책의 내용을 이용하지 못합니다.
잘못된 책은 구입처에서 교환해 드립니다.